L'HISTOIRE VERITABLE,

ENTREPRISE III.

PRELVDE.

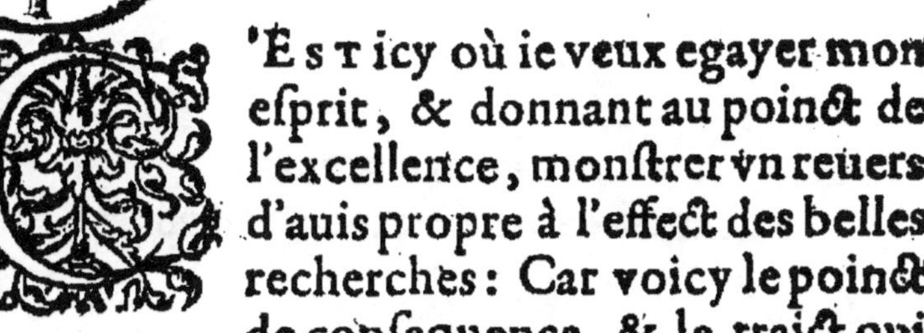

C'EST icy où ie veux egayer mon eſprit, & donnant au poinct de l'excellence, monſtrer vn reuers d'auis propre à l'effect des belles recherches : Car voicy le poinct de conſequence, & le traict qui manifeſtera la grandeur des Fortunez, leſquels porteront la mienne ſur l'aiſle de leur authorité. Quoy ? qu'ils euſſent eſté ſi temeraires que de s'aller preſenter au Roy leur pere ayans eu vn congé tant exact, tranchant le fil à tous moyens de reconciliation ? c'euſt eſté n'auoir point de ſageſſe, mais trop de preſomption inconſideree, c'euſt eſté faire eſſay d'vn affront à celuy qu'il faut reuerer en toute humilité, & par ainſi ſe preparer à la cheute qui les eut abiſmez, autant

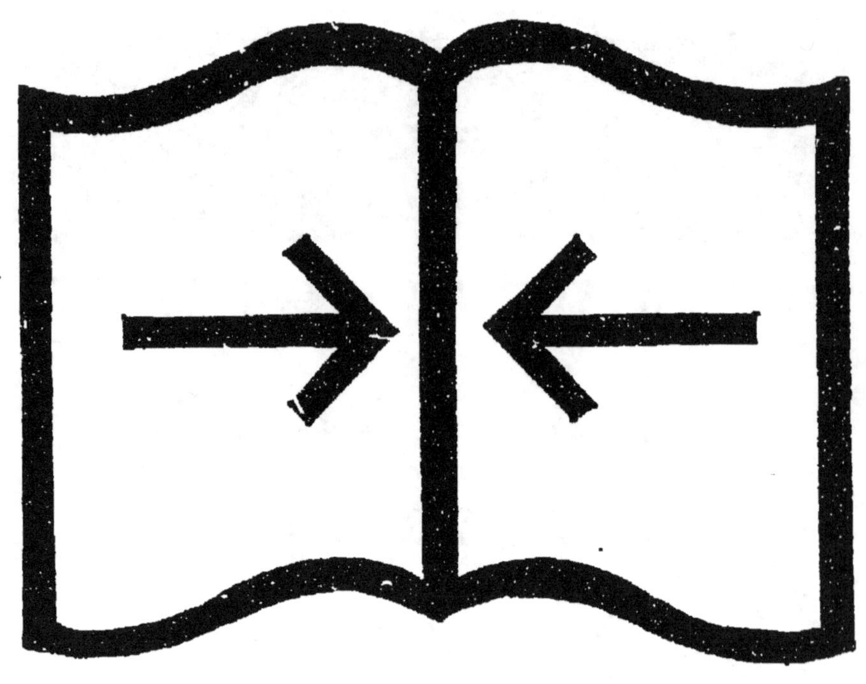

profondément qu'ils pretendoient s'esleuer. Les Rois sont Rois, & faut, qui que l'on soit, viure auec eux, obseruant tout respect: car ils n'ont consideration sinõ qu'ils sont Rois, leurs actiõs, pensees & resolutions ne se forment pas au modelle de celles des hommes, ains au patron de la puissance des Monarques; l'amitié & le deuoir ne sont en eux que lors qu'ils despoüillent vn petit de leur grandeur, & se recreent auec les hommes pour leur seul plaisir: Tout leur est deu. Mais en quels discours vay-ie nager à bras estendus? Tout beau, propos d'estat, ne m'attirez pas si fort, ie ne veux point faire les Rois inhumains, ie les honore trop, arrestons nous à ce but; C'est qu'ils tiennent les resnes des volontez, & que la bien seance nous astraint d'obeir, si nous ne voulõs que la force nous froisse assommez des pierres de nostre fierté. Sçachons que le Roy estant Roy, il n'y a rien sous luy, il n'y a rien qui ne soit suiet à la loy dont il est l'ame. Il n'y a point d'enfans de Roy, il n'y a point de parens ny d'amis, s'il n'y a de l'obeissance, la seule obeissance fait que les fils soient recognus enfans, & traitez gracieusement; que les parens soient honorez de tel aueu pour estre gratifiez que ceux qui ont esté nommez amis, soient allechez de bienueillãce, & que l'ame des peuples soit en estime, à ce que les congregations persistent estans conseruees, & que la iustice ait lieu & soit magnifiee.

DESSEIN I.

Legations des Ambassadeurs de Sobare & de Glindicee vers le Roy de Nabadonce. L'Ambassadeur du Roy de Nabadonce vers l'Empereur, cognoist les Fortunez, & sous vne belle feinte les fait cognoistre à l'Empereur.

TOVT nous rioit en Glindicee, on ne parloit que de l'aise & des futures delices des effects du voyage en Nabadonce; & les Fortunez qui sçauent toutes les maximes d'Estat, & les veulent practiquer pour obeyr, & vn iour auenir commander, mettent ordre à leurs affaires, qu'ils traictent tant dextrement, qu'ils n'effectuent rien qu'apres auoir eu conseil sur ce que le cœur a determiné pour l'issuë de leurs desseins, & le prennent de ce qu'ils entendent de leurs amis, ausquels ils ont communiqué. Ainsi ils apprennent comme la Royne de Sobare ne fait faute d'executer l'artifice raisonnable de leur entreprise : car elle leur a faict entendre qu'elle a enuoyé le Comte de Patince en ambassade vers le Roy de Nabadõce, auquel elle demande à mari son fils Viuarambe, dequoy ce bon Roy fut ioyeux & estonné, d'autant qu'il estoit surpris, ne sçachant rien des affaires de ses enfans : Toutesfois il fit responce à la Royne selon son desir, remettant le tout au retour de ses fils, lesquels auoyent entrepris vn voyage qui les retenoit encor, adioustant à son discours la grace dont les princes sçauent gratifier, amuser ou suspendre les cœurs, selon que l'issue des affaires les contraindra. En mesme temps l'ambassadeur de l'Empereur de Glindicee fut ouy, lequel obtint auec grand signe de courtoisie, ce qu'il vouloit, pour confirmation dequoy le Roy enuoya le Duc de Porictonie vers l'Empereur, luy offrir tout ce qui estoit en son pouuoir, & deuant que ces ambassadeurs partissent il fit venir Sarmedoxe auquel il enioignit que l'hermitage fut sumptueusement accõmodé, & que tout y fut d'ordre pour y receuoir des Princes de telle qualité. L'empereur qui n'attendoit que le retour du Prince de Glacere, estoit prest à partir, que le voicy arriuer accompagné de belle noblesse de plusieurs prouinces, & honoré du grand Duc de Perictonie, lequel se presenta à l'Empereur qui auoit esté auerti du merite de cest ambassadeur lequel fut dignemẽt receu, rafraischi & traicté, en toute magnificẽce. Iour d'audience luy ayant esté donné, il fut introduit deuãt l'Empereur pres de la majesté duquel estant en son deuoir il deduit en belles paroles & succintes la cause de sa legation, & selon ce qui luy estoit commandé asseura le monarque de la bonne volonté du Roy de Nabadonce son maistre, à quoy il receut responce aggreable oyant sortir de la bouche de ceste Empereur les beaux & sages discours qui le contenterent tant qu'il a plus faict estat de son belle esprit que des magnificences de sa court, bien qu'elles fussent inimitables.

inimitables. Ce grand Duc qui ne ſcauoit rien de la rencontre des fils de ſon Roy fut fort eſtonné de les voir tenir les premiers rangs au Conſeil, il les recogneut bien, mais comme ſage & aduiſé ſe retint, & n'en fit aucun ſemblant, non plus qu'eux qui le ſceurent bien cognoiſtre. Le Duc ſorty du cõſeil s'enquit de ceux qui l'accompagnoient, qui eſtoient ces trois Seigneurs veſtus de meſmes parures & d'habillemens tels que les grands les portent en Nabadonce. Il n'en apprit autre choſe, ſinon qu'ils eſtoient fort galands, & que leur bel eſprit les auoit ainſi approchez de la perſonne de l'Empereur: Le Duc qui auoit peur de faillir, ne ſcachant pas l'intention des Princes, n'oſa paſſer outre, ny s'enquerir d'auantage. Le Conſeil eſtant leué, les Fortunez par le commandement de l'Empereur traitterent ceſt Ambaſſadeur, & luy firent voir les ſingularitez plus exquiſes du lieu. Puis en temps conuenable le menerent à la fontaine où ils luy donnerent le plaiſir de la muſique & des autres exercices dõt l'Empereur ſe plaiſt, & par deſſein l'ayans ſeparé des autres le menerent à la Tonnelle Riante, là ils firent cognoiſſance, & ſous le ſymbole de fidelité communiquerent librement auiſant de ce qui eſtoit à faire. Ce Duc eſtoit fort prudent, il aymoit ſon Roy & ſes enfans, & eſtoit de ceux qui en auoit ploré la perte, parquoy les voyant il fut recreé, & voulut leur rendre l'honneur & le reſpect deu: apres quoy ils le prierent pour l'auenir de ſe contenir, veu la neceſſité des affaires: Luy qui ſcait biẽ que ce qui eſt de loy eſt ſtable, & qui n'eſt pas ignorãt de l'amour des peres vers les enfans,& cognoist à peu pres les desseins que souuent on a és choses grandes, les arraisonna auec raison, si qu'apres les mutuelles repliques, il leur conseilla, entendant que c'estoit l'ordre qu'ils desiroient suiure, d'enuoyer prier le Roy leur pere de leur pardonner, & les receuoir en grace, leur remonstrant en outre qu'il estoit bon mesmes tres necessaire de se faire cognoistre à l'Empereur qui moyenneroit leur reconciliatiõ vers le Roy qui les desiroit, & qui le trouueroit extremement à propos de ceste façon, leur proposant ce qui s'estoit passé és legations precedẽtes vers le Roy : Ce que meurement consulté, ils remirent le tout es mains du Duc qui en prit la charge, parquoy le lendemain il fit supplier sa Maiesté qu'il luy fut permis de l'entretenir de quelque discours particulier. L'Empereur l'introduisit fort gracieusement en sa chambre, & eurent ensemble plusieurs propos, à la suite desquels il fit rencontrer ce qu'il auoit à dire, & parla ainsi à l'Empereur, Sire, le Roy de Nabadonce auoit vn excellent & notable ioyau, precieux sur tout ce qu'il possede, d'autant qu'il a plusieurs vertus, & est composé de trois admirables pieces, & diuersitez accordantes, & de telle vniõ qu'il n'y a riẽ au mõde qui luy soit égal en beauté & merite. Il est auenu par vn certain malheur accompagné de bonne fortune, par la propre volonté du Roy, & contre son desir, de propos deliberé, & sans y penser, de gayeté de cœur & à regret, iugeant bien ce qu'il faisoit, & n'ayant aucune cognoissance de ce qui aduiendroit, le desesperant & s'y attendant, & voulãt ce qu'il craignoit le plus, qu'il a esgaré cest exquis ioyau; sans scauoir où il est: Il souhaite de tout son cœur le recouurer pour sa ioye & commodité, & son honneur l'empesche de le rechercher. Il appete sur tout de le rauoir pour son vnique contentement, & sa gloire approuuee par sa iustice le cõtraint de faire vn semblant tout autre: Le plaisir de l'homme combat la dignité de la personne: Ie sçay que ce luy sera vn infiny contentement de l'auoir, & toutesfois il ne le demãdera iamais, & ie croy que s'il sçauoit ce que i'en dis maintenant, il m'en desaduoueroit, encor que ie scache qu'il m'en scaura bon gré, & en sera tresaise, d'autant que ce que ie pratique est selõ sa volõté, biẽ que ce soit sans son cõmandemẽt, & contre son intẽtion, mesme si i'auois pensé de luy en parler, il m'eust blasmé & expressemẽt defendu de m'ingerer à ce que ie poursuis pour ce suiet: vous scauez, Sire, que souuent les bõs seruiteurs font de grãds seruices à leurs maistres, desquels ils sont auoüez ayãs bien fait, encor qu'à cause de l'honneur & de la loy en apparence, ils n'eussent pas voulu consentir qu'on les executast, parquoy les sages & fideles seruẽt dignemẽt au cœur plus qu'à l'œil: Et pource ayant grand desir de faire vn signalé seruice à mon Roy, par vostre faueur, ie me presente deuant vostre Maiesté, parlant comme vn simple Gentilhomme, pour n'auoir en cecy aueu que de vous seul, s'il vous est agreable, m'ayant ouy, ie croy que vous m'exaucerez, car presques l'égale part du biẽ que vous ferez à mon Roy vous escherra. Ie vous supplie donc, que par vostre moyen ce ioyau soit cognu, trouué, & recouuré, & ie vous dis en parole vraye, que difficilement paroistroit-il, si ce n'est par vostre moyen & authorité, ioint aussi que tout ce que vo° esperez ou pretẽdez en la belle en treprise de vostre voyage, ne reussira aucunement sans ce recouurement : Et vaut autant pour vous deux grands Monarques que vous demeuriez separez cõme cy deuant auez accoustumé, que de vous voir sans ce moyẽ. L'EMP. Ces beaux discours ont quelque grand dessein caché sous leur escorce, ie vous prie de m'en esclaircir serieusemẽt, & apertement, à ce que mon esprit ne peine point. LE DVC. Sire, l'honneur que ie reçoy de vostre Maiesté, est occasion que ie vous déduis cecy en la sincerité de mon ame, aussi ie vous obeyray promptement, & vous declareray tout ingenuement, pource qu'il ne faut pas se feindre deuant vous. Et puis qu'oseroit vne personne priuee deuant vn si grand Prince? Ce que ie vous diray & declareray vient de moy, tant pour vostre seruice, que pour le bien de mon Roy, & s'il vous plaist le sçauoir, ie vous supplie de m'interiner ma requeste, car il y va de vostre parfait contentement, & du plus accomply bien que vostre ame desire. L'EMP. Estes-vous plus accort que les Fortunez? Il n'est pas que vous ne les ayez sondez, & que ne sçachiez comme par leur conseil, i'entrepren le voyage qui me doit rendre content, auez-vous plus de pratique qu'eux: cognoissez-vous d'auantage mes affaires qu'ils ne font? pour me promettre l'heur qu'ils m'ont promis en me remettant à l'auoir par vn autre moyen? Ie suis fort asseuré d'eux, & ie ne vous cognois pas encores: A la verité, vostre façon & vos paroles me semblent partir d'vne ame sincere, & vous tiens pour hōme d'honneur, veu mesme le rang que vous tenez pres le Roy mon frere: mais vostre dessein me fait auoir ie ne scay quel doute, qui me met en peine, & me semble que ce que vous auancez, soit au desaduantage de ces personnages dōt i'ay tāt de seurté, & ausquels i'ay tant de croyance: En bon escient si i'estois volage, & prompt comme i'ay esté quelquefois, à mon grand regret, ie descherois d'espoir: voudriez-vous bien qu'ils fussēnt presens pour vous ouyr, afin qu'ils repartēt sur vostre proposition? Il n'y a pas long tēps que preoccupé de mō sens, & de croyance legere, ie creus vne calōnie contre eux, & ie les ay cuidé perdre, la penitence a suiuy la faute, ie ne tomberay plus en cest inconueniēt, puis que pour ce suiet & sans cōtrainte vous vo⁹ estes demis de vostre rang en cest acte, ie veux agir auec vous pour ou contre en la qualité que vous vous estes offert. Le Dvc. Sire, où le Soleil luit, les autres astres ne paroissent point, ce qu'ils sont, m'efface du tout, & eux ny moy ne sommes rien en la presence de vostre Maiesté: & pour le faire court, ie vous dy, Sire, en telle qualité qu'il vous plaira me prendre, que les Fortunez vous deçoiuent en vn point: Et pour le vous dire auec plus d'honneur encores vne fois, & afin qu'il en suruienne vn effet notable, ie vous supplie d'vne faueur, si i'ay failly en ce que ie vous ay dit comme personne priuee, ie me submets à la correction: En outre ie vous supplie aussi que comme Ambassadeur du Roy de Nabadonce, ie vous declare en la presence des Fortunez, qu'ils ne peuuent faire ce qu'ils vous ont promis, sans que vous m'accordiez le don que ie vous ay requis, touchant le ioyau de mon Roy: & maintenant, Sire, tenant rãg d'Ambassadeur de tel Roy, ainsi qu'il vous a pleu me receuoir, à ce que vous ayez affaire à vn Prince qui vous puisse respondre, & qu'il est besoin en accusant d'estre de la qualité de ceux qu'on accuse, ou approchante. Ie vous declare que les Fortunez vous ont deceu, ils sont Princes & comme representant le Roy, & Prince ie les accuse. L'Empereur n'entẽdant point ces propos, luy dit qu'il le mettoit en trop d'impatience: & partant pour se resoudre, il commanda qu'on fit entrer les Fortunez, lesquels entrez, l'Empereur fit approcher, & leur dit que le Duc de Piroctonie les tenoit pour deceueurs: ils ne respondirent rien. Et le Duc prit la parole, disant, Sire, ces Princes ne debateront point auec moy, si de tout en tout ils ne veulent deschoir de ce qu'ils sont. Demeurant au terme du don que ie vous ay demandé: ie vous declare que ces trois Princes presens sont fils du Roy de Nabadonce, & que se cellans ils vous deçoiuent, c'est dont ie les accuse, & le don que ie desire est que vous les restituez au Roy leur pere, sans que il les demande, & tout ainsi que s'ils estoient vostres, & que vous les luy donnassiez, ce que vo⁹ ferez s'il vous plait interceder pour eux, à ce que ils trouuent grace, & soient restablis en leur premier estat. Ayant dit celà, il raconta succinctement tout ce qui estoit de leur fortune. L'Empereur tout raui & ioyeux de telle nouuelle tant agreable, embrassa amiablemẽt les Fortunez. Ce ne fut point sans lestancer de leur deceptiõ cõmise, & leur reprocher le tort qu'ils luy auoient fait de ne s'estre descouuerts à luy, & en ceste actiõ furẽt mises en auãt les excuses qu'vn si grãd peut conuenablement laisser eschapper, & les douces requestes de pardon que deuoient exposer ceux qui n'ont failli que par bien-seance & pour bien faire.

Ceste affaire cognuë, la Cour fut remplie de ioye, & ceux qui auoient fait estat de ces Princes vindrent à leurs pieds se repentir du mespris inconsideré qu'ils auoient fait de leur grandeur, les blasmant respectueusement du tort qu'ils auoiẽt fait à leur rang, & à leur deuoir. Apres il fut aduisé que l'Empereur partiroit, & que le Duc de Piroctonie iroit deuant pour impetrer la reintegration des Princes par le Roy leur pere, duquel ils attendroient la volonté sur les frontieres de Nabadonce, ce qui pleut à l'Empereur.

DESSEIN DEVXIESME.

Partement de l'Empereur. Excellẽces de l'Hermitage. Hymne de la natiuité du Daufin. Plainte de l'Empereur. Discours amoureux de Lofnis & Fonsteland. Le Roy de Nabadonce enuoye à ses fils pour les receuoir en grace. Discours plaintifs de l'Empereur.

LE grand Anniuersaire d'Amour se celebroit ceste annee, & on auoit mãdé de toutes parts que l'élite des amãs se trouueroit en l'Hermitage.

d'honneur, parquoy tous ceux qui auoient des causes pour ce suiet mirent peine d'y venir, pour ce que là est la perfection des recherches & preuues d'amour, dont toutes les maladies sont chãgees en santé parfaite, les opinions muees en verité, les douleurs trãsformees en ioyes, & les vaines passiõs faites asseurãce permanente & vraye. Et qui plus est, si quelqu'vn a perdu sa Maistresse, ou vne Dame son seruiteur, quelque amitié, inimitié, verité, feintise, ou dissimulatiõ qu'il y ayt entr'eux, on rencontre là les nouuelles certaines de ce qui en est, pour en receuoir vtile contentement. Le partement de l'Empereur fut festoyé solẽnellement par tout l'Empire, & l'assemblee fut grande & belle, Lofnis eut permission d'y venir, & son equipage fut dressé selon sõ merite, & fut accompagnee de plusieurs Dames curieuses de voir les belles merueilles de l'hermitage, auquel depuis peu de temps auoient esté adioustees de grandes singularitez tirees de l'isle Sympsiquee, laquelle cõme nous auons appris, a perdu en partie vne grace qui luy estoit propre, non que ce soit la faute des originaires, ains l'erreur produit à cause du changement des saisons, & de la felonnie des hommes, qui sous ombre de curiosité vertueuse estoiẽt deuenus faussaires, sous semblant de voyageurs corsaires, sous feinte de Religiõ hypocrites, & sous le tiltre de gẽs d'hõneur impies & imposteurs, employans le nõ de la vertu à la malignité de leur maudite industrie: les gens de bien de Sympsiquee qui taschent à mettre ordre à ce mal pour le repurger bien tost, ne pouuans seuls resister à la malice augmentante, & qui mesme auoit esbrãlé quelques vns des nouueaux habituez, ayans assemblé le conseil pour en deliberer, sans estre plus lōg tēps contraints de flechir sous le malheur du temps, ont resolu de s'asseurer des bons, & de resister aux mauuais pour chasser les meschans, qui interrompent les repos, & troublent les belles occupations, & pource se sont adioints au Roy de Nabadonce qui les soustient, & a donné moyen de rendre leurs costes inaccessibles, & leurs ports imprenables, & quant & quant forces pour chasser d'auec eux ceux qui les gastoyent, le tout s'estant rencontré à propos sur l'affaire de la belle figure: dont il fut parlé comme nous estions en Sympsiquee auec les Fortunez.

La Court estoit fort grosse, paree d'infinies sortes de gens, car outre les Princes, Seigneurs, Gentils-hommes & autres du païs, il y auoit des estrangers venus de toutes nations, & sur tout de François: dont aucuns estoyent de nostre cognoissance, qui furent tres-aises de nous rēcontrer, principalement à cause que comme habituez, nous auions de la creance au païs, aussi nous les introduisismes en plusieurs lieux, & notamment en nostre college de Druydes, qui dés les temps anciens y est conserué. Entre ces compatriotes il y en eut vn qui prit conseil de presenter à l'Empereur vne piece de musique fort industrieusement elabouree, & qui n'auoit point encor couru: Sa Majesté y prit plaisir, & l'ame en estoit quelques stances que i'auois faites en l'honneur de la natiuité du Daufin, que le docte Bauduin auoit animees selon la science des plus beaux accords: L'Empereur s'en estant resiouy, eut fort agreable le diſcours qui luy fut fait des magnificences qui ſ'eſtoient faites en ce temps là. Ie n'auois pas enuie que ces vers fuſſent veus d'autant que ie ne demande rien aux grands, & que ie ne pretés point ietter ces beaux traits en guiſe de doux hameçõs, pour tirer de leurs cõmoditez. Et toutesfois ie m'auiſe qu'il faut que on les voye, pour leur eſtre teſmoignage que ie m'eſiouïs de leur bien, à cauſe que poſſible ils gratifient quelques vns de mes amis qui ont affaire d'eux: Et puis i'oblige parauanture la bonté d'vn courage royal, m'eſgayant en ſon honneur, ores qu'il ne le peut gouſter, à ce que venant à l'eſtat accompli que ſa bonne deſtinee luy prepare, s'il vit, il ait plus d'occaſion de me regretter pour n'auoir veſcu auec moy, que ie n'ay d'opinion à l'eſpoir de ſes faueurs: voyez donc ce petit excés d'eſprit.

Voicy le iour promis au bon heur de la France,
Iour plus iour que le iour, le beau iour des François,
Tout le mõde auiourd'huy plein de reſiouiſſance
Pour bien chanter ſe change en vne belle voix.
Ceux qui ont du lis d'or la fleur au cœur empreinte,
Voyent l'age doré renaiſtre auec la paix,
Et to' ces malheureux qui n'aimẽt que par craĩte
Se trouuent confondus en leurs deſſeins mauuais:
François marquons ce iour dedans noſtre memoire,
Qu'on honore ce iour, entre les iours plus beaux,
Le iour auquel eſt nay de nos Princes la gloire,
L'appuy de noſtre bien, la fin de nos trauaux.
Les cœurs deuotieux, les fideles au Prince
Viendront icy chanter en accens eternels,

Les peuples amassez de prouince, en prouince,
En diront deuant Dieu les hymnes solemnels.
Tout releuez de cœur, tout épris de louange,
Passionnez de ioye, esperdus de plaisirs,
Espointez de nos chants, poussez iusques aux Anges,
Nous monstrerons à Dieu nos fideles desirs.
Io donques chantons, benissons ce grand Maistre
Qui de biens infinis rassasie nos cœurs,
Chantons en ce beau iour qu'il luy pleust faire naistre
La colomne d'espoir de ses bons seruiteurs.
Tous fideles aux Rois, ont part à la liesse
Des bien heureux François qui louēt Dieu sans fin,
Ia desia tout triomfe en parfaite alegresse,
Par tout on chante, Io, Io, pour le Daufin.

A la fin de chaque verset, on repetoit ce couplet,

Io Io sans fin
Io pour le Daufin.

L'apparence nous faisoit croire que l'Empereur y prenoit plaisir, ioint qu'il se diuertissoit vn peu : Et cependant le cruel souci de son cœur le mordoit pressément, l'absence d'Etherine le sollicitoit aux regrets, l'indignité qu'il a commise vers elle le iette au desespoir; Mais les promesses des Princes le consolent d'esperance, vne fois qu'il estoit auec eux en particulier, il se douloit ainsi: Ie pensois auoir assez d'asseurance pour resister à cét effort de disgrace, & mesmes ie me disposois à ceste perte, d'vn cœur paroissant égal à celuy qui vit en contentement, mais la force de ceste auanture tant desauantageuse pour moy, m'a tellement oppressé, que ie ſois ſuccombé, auſſi ie recognois qu'il n'y a deſplaiſir plus grand que l'eſlongnement du ſujet aimé, & en ay l'ame tant affligee, que ie ne ſcay ſi ie me pourray releuer eſtant opprimé ſi vehementement, ce qui plus me penetre, & qui multiplie mon angoiſſe, eſt l'excellence de mõ ſujet: Ie pẽſois faire le reſolu me deſtournant à mõ pouuoir de l'ẽnuy que ie ſouffrois, mais il m'a fallu flechir ſous l'effort de ma detreſſe. Tant violentement touché, il faut que ie ſouſpire, ie me plains donques & lamente pour adoucir ma miſere, ie deſployе l'ær de mes plaintes, que ie fay couler en piteuſes larmes, que i'eſpends ſecrettement durant mes triſtes imaginations. Les Princes le cognoiſſans ſi dedaigneuſement preſſé de ſa melancholie, le reconforterent & lui promirent hardiment qu'il verra en Nabadonce celle qu'il deſire, la preuue reiteree qu'il a des effets de leurs paroles & conſeils, & puis à ceſte heure ſachant quels ils ſont, fait qu'il les croye, & que plein de bon eſpoir il ſ'allege ſoymeſme. Et de fait il n'y a rien qui apporte tant de plaiſir que la certitude d'vne belle iouyſſance qui s'approche. Continuans le chemin pour ce voyage heureux, les Princes Fortunez ſe tenoyent pres de la perſonne de l'Empereur, inuentans iournellement des nouueaux diuertiſſemens, durant quoy ſouuẽt il leur tenoit propos de regret qu'il auoit de ne les auoir pas cognus, & de deſplaiſir qui le touchoit de les auoir mal traitez. Mais eux ſuyuant leur accouſtumee ſageſſe le prioyent de ne penſer plus au paſſé, & d'auoir agreable la rencontre de leur fortune, l'incitans à ne ſonger qu'à se resiouïr, lui requerans pardon de s'estre celez, alleguans que ce qu'ils en auoyent fait estoit pour aquerir de l'honneur en bien faisant, ce qu'ils n'eussent peu si biẽ estans cognus, car le respect que lon leur eut porté, eut empesché le fil de leurs entreprises, qui estants secrettes deuoyent estre tramees secrettement, & de ce deuis tombans en autre, luy promettoyent qu'il n'auroit point veu le tiers des ceremonies & singularitez de l'hermitage, & du grand anniuersaire d'Amour, que le sujet de son contentement ne fut proche de luy. Cependant Fonsteland qui estoit tousiours en action, auoit quelquesfois l'œil & le deuis de sa maistresse, qui luy dit: Vous estes bien contant de nous tenir, & de nous mener au lieu où vous auez toute puissance. Et puis que sera-ce quand nous serons deuant la belle figure? FONSTELAND. Vous auez bien iugé de mon grand contentement, & l'eussiez peu cognoistre auec ma fidelité par la figure d'argent, mais ce sera bien plus quand il faudra venir aux preuues entieres, alors vous iugerés combien ie suis veritable: Ie vous iure, Madame, que la valeur que vos perfections ont excitee en mon ame, & qui me fait auoir l'asseurance de vous seruir, m'entretient en ceste magnanimité de courage, pour trouuer l'occasion de vous faire preuue de mon obeissance, possible pourray-ie deschoir de mes pretentions, pource que ma fortune ne me peut promettre tant de grace, que ie reçoiue la faueur dont vos pitiez peuuent consoler le cœur qui souspire pour vous: Toutesfois ie ne changeray iamais ce grand desscin, d'autant qu'il ne m'en peut auenir que toute gloire: Que s'il y a du hazard fascheux pour moy, ce sera à cause de mes deffauts, qui font paroistre les approches de ma ruine par la grandeur de vos merites, lesquels sont vn escueuil, contre lequel ie me perdrois, si ma temerité n'estoit soulagee par vostre clemence: Si ie me perds en ceste fortune, ie ne lairray de faire vn guain abondant, car i'auray eu l'heur d'auoir pretendu au plus digne sujet d'amour. Opposez vostre sagesse à mes discours, auancez les belles resolutions de vostre esprit, taschez à me destourner par les reuers de vostre prudence, me demonstrant, ores ma presomption, ores mes infirmitez, & par les viues pointes de vos raisons, faites moy croire ce qu'il vous plaira, tant pour me diuertir de ceste auanture, que pour tascher d'affoiblir mes esperances s'il se peut; si est-ce que vous ne sauriés vous effacer de mon cœur, ny en oster les fideles conceptions qui l'entretiennent, ny aneantir l'estime de la felicité qu'il reçoit en meditant apres les parfaites idees, dont vous l'auez auisé. LOFNIS: Pourquoy vsez vous de ces façons de propos, veu que ie ne vous ay donné, comme ie croy occasion aucune d'auoir tant de defiance de moy? Ne vous aneantissez point tant, car ie n'y aurois point d'honneur, continués l'affection vertueuse que vous m'auez promise, & ie sauray bien me disposer à mon deuoir. FONSTELAND. Il est resolu que ie soy vostre, aussi rien ne pourra destourner mes heureuses deliberations, lesquelles suyuent les plus exquises formes de vertu ſous la lumiere d'honneur que ie reçoy de vous, qui eſtes deuotement conſacree à la perfection dont les ſaintes perſuaſions ſont voſtre entretien, l'abondance que vous en auez vous en fait expoſer ſouuent les threſors, quād par vos ſages propos vous deduiſez heureuſement ce qui eſt du deuoir, lors qu'il vous plaiſt repaiſtre les ames de vos vtiles diſcours, nous propoſant la vertu, ce que vous acheuez auec telle efficace que les eſprits d'honneur en ſont attirez : c'eſt ceſte equitable violence qui m'à conquis, & qui m'aquiert à vous, qui pouuez triōpher de tout, & qui aurez peu de gloire de m'auoir retenu, toutesfois ce vous en ſera : parce que vous m'auez releué l'eſprit vers les obiets excellens. Ie ſuis reſolu de perſiſter en la fidelle volonté que ie vous proteſte : afin que par mes comportemens, vous ſoyez acertenee que vous eſtes mon vnique flambeau, guide eternelle, & conduite raiſonnable de ma vie, de mes deſſeins, de mes eſperances & de tout mon bon heur : ie voy qu'il faut ioindre la troupe. La grandeur du reſpect que ie vous doy m'empeſche, mais l'aſſeurāce que i'ay en voſtre bōté me fait vous dire, ma Belle Maiſtreſſe, ie vous baiſe tres-humblement les mains.

L'Empereur auançoit à petites iournees, & le Duc de Porictonie arriua & ſe preſēta au Roy de Nabadonce, auquel il fit ample diſcours de l'effect & ſuccés de ſa legatiō, puis il adiouſta la charge expreſſe qu'il auoit de l'Empereur de Glindicee, touchant ſes fils les princes Fortunez. Le Roy fut treſcontāt de ce qui ſ'eſtoit paſſé auec l'Empereur, & tres-ioyeux de ce que ſes enfans auoiẽt tant accortement veſcu auec vn ſi grand Monarque, l'aiſe qu'il eut d'entendre leurs diuerſes auãtures, lui fut vne ioye tant entiere, qu'il ne la peut communiquer qu'à ſon propre cœur. En ceſte lieſſe il enuoya au deuant de l'Empereur, & luy rendant graces des biens qu'il auoit fait à ſes fils, le ſupplioit d'en vſer comme eſtans à lui, au reſte il leur mãdoit par le grãd Duc qu'il les receuroit en grace, puis qu'ils lui auoyent eſté obeiſſans. L'Empereur entrant és limites de Nabadõce, ſe trouua à l'oree d'vne foreſt qui le fit ſouuenir du temps malheureux de ſa diſgrace, & lui ſembloit voyant les arbres que les bois fuſſent les meſmes où en cholere, & malicieuſement il auoit relegué ſa belle & tant deſiree Etherine. Il voulut qu'on ſ'y arreſtaſt, car, dit-il aux Princes Fortunez, ie veux en cet endroit, faire vn ſacrifice à la beauté mal traitee, auſſi ie commence à ſentir par les apparences que ie pourray receuoir de l'alegemẽt, toutesfois ie ne veux point imaginer que ie ſois preſt de recouurer repos, que ie ne trouue ma pauure Etherine, que ie croyrois eſtre eſteinte ſans que ie la ſens eſtre touſiours viue en moy, auſſi iuſques à l'heure heureuſe que ie la reuerray ie me veux inceſſamment plaindre, en la regrettant. En c[illegible]te feruente humeur, il ſe monſtra plus vaillan[illegible]eſtoit, car à dire vray, ſa melancolie l'au[illegible] mal mené & eſtoit ſi bas que preſque ſa vi[illegible]ne tenoi[illegible]plus qu'à vn delié petit filet, il fit appreſter ſ[illegible]chantres qui firent la muſique à l'ombre des b[illegible]chesnes qui receurent les voix delicates, & les accens des inſtrumens,

auec

auec telle douceur de rencontre, que l'ær & la terre en retentissoyent d'vne si douce esmotion, que la resiouissance s'en conceuoit par les substances inanimees, & bien que quelques plaintes fussent souspirees, si est-ce que les piteux resons en estoyent si beaux, qu'en fin tout deuint ioye: entre autres ærs qui furent estalez à l'ouye, les maistres firent estat de cestuyci que l'Empereur auoit luymesme retracé, à l'ombre de sa douleur plaignant sa belle, comme si elle ne fut plus.

Mon cœur est oppressé, ma vie est languissante,
Mon ame desolee, ennuyee, dolente
Acheuera ses iours:
Me saisissant de mal, sans plaisir & sans grace.
Sans vie ie viuray, puis que la mort efface
L'honneur de mes amours.

Vie que ie tenois ma plus parfaite vie,
Enuie qui m'estois toute parfaite enuie,
Desir entier desir.
Douceur de mes douceurs la douceur sauoureuse,
Du meilleur de l'amour la rencontre amoureuse
Plaisir parfait plaisir:

Beaux yeux qui nourrissiez de si bonnes delices
Mes esprits lãgoureux, yeux doucemẽt propices
A mon cœur languissant;
Vostre lumiere helas, est maintenant esteinte,
De ce que vous estiés, vous n'estes que la feinte
Et l'ombre palissant.

Aussi ie ne suis plus qu'vne image debile,
Sans vie & iugement, vne souche inutile,
Vne source de pleurs:
Et ne reste de moy qu'vne voix vagabonde,

Qui en retentissant, par tous les coins du monde,
Tesmoigne mes douleurs.

Durant que le chœur se delectoit en ces accords, l'Empereur entretenant les Princes Fortunez leur disoit, Voila ce que ie veux feindre, ie veux penser qu'elle ne soit plus, qui est la pire fortune qui me puisse auenir, car ie l'ay disposee à la cruauté qui l'a deffaite! Pensant à ceste extremité tant triste, i'auray vn grand bien si i'en reçoy quelque bonne nouuelle, & puis ie pense auoir de l'alegement, & suis satisfait quãd ie peux dire mon angoisse, & quand i'oy plaindre mon mal, ie me resiouis, d'autant que l'humeur melancholique a cela, qu'elle est fort aise d'estre flattee, & se soulage quand on croid auec elle ce qu'elle veut qu'on imagine qu'il soit, & certainement il faut quelquesfois donner au genie son particulier contentement; Iay voulu exaler cet ær de la sorte que mon cœur l'a pensé en offrande à la beauté de son intention, & ainsi pour me consoler ie me donne permission d'euenter quelquesfois mes pẽsees. Ie pẽsois autrefois me iouër faignant de croire qu'il y eut des Fees ayans pouuoir de lier les cœurs pour par certains efforts tourner les cogitatiõs à leur gré, & les transmuer à leur vouloir, & mener à leur plaisir. Mais auiourd'huy ie le crois absoluemẽt, car ie suis touché de ceste vehemence, laquelle procede d'vne force existẽte & non imaginaire, aussi i'en chante l'humble palinodie. Ie sçay & i'experimente la violence qui domte les courages, les eleue ou abaisse, excite ou retient selon ses pretentions & l'attribuant comme il le faut à celle la seule que i'ay indiscretement perdue, ie la tiens pour vnique Fee dominant sur mes destins, qu'à ceste heure elle touche pour les faire aller à son gré : L'aymant separé de sa mine, ou priué de la limaille du metal qui le nourrit, se flestrit, & perdant sa vie, demeure sans vigueur, vne pierre inutile & vn fardeau desagreable: de mesme trop separé de celle qui est l'agissant qui fait mouuoir mon ame, ie suis vn vain corps & mon esprit n'est que la similitude de ce qu'il souloit estre, il est sans ardeur, sans beaux mouuemens, sans belles cogitations, assopi & retenu dans son centre oyseux & desnué de ceste excellente agitation, qui le mouuoit aux grandeurs de ses pensees, selon les accomplies rencontres de perfection. Tel est l'estat où ie languis si surpris des debilitez que cause la desplaisance, que ie ne me recognois plus ; Au lieu d'auoir l'humeur prompte & soudaine, l'intention gaye & resoluë, la pensee galante & releuee, ie vay cheminãt auec le desordre de la tristesse. Et s'il ne me restoit vn peu de ce leuain d'esperance qui me gratifie des consolations que se forment les fideles amans, ie ne serois plus que la statue de ce que ie deurois estre: Ceste beauté d'espoir est le reste de l'estincelle de ma vie, c'est ce qui me retient & accoustume à suporter le faix de mes inquietudes, me faisant resoudre à la continuelle poursuite de mõ dueil, & toutefois ie m'euertue à ce que vous me proposez par l'espoir que i'ay de biẽ rẽcontrer: car ie n'ay entrepris ces beaux desseins que pour r'auoir mon bien: Si ie suis tant heureusement regardé de l'astre fauorable que cela m'auiene, ie paroiſtray en glorieux & magnifiques effets, ayant pour but le ſeruice que ie doy à ma Belle, & par leſquels elle ſaura que ie ſuis & ſeray ce qu'il conuient que ie ſois pour elle, que ſeule meut mon ame au gré de ſes volontez. Telle reſolution ſera la fin de mes penſees, car ma fidelité ſ'eſt donné pour eternel objet, la vertu qui l'a touſiours accompagnee, & mō ame ſans ceſſe conioin te à ſi belle opinion, demeurera conſtante en deſirs & actions, auſſi ie ſeray tel que ie ne chemineray iamais par autres ſentiers que ceux que trace le deuoir.

DESSEIN TROISIESME.

Parties plaiſantes pour le ſuiet des Dames & ſur tout de Loſnis. Contre ceux qui s'offrent à toutes Dames. Stances contre les ſorciers & charlatans. Couſtumes d'vn May. Remonſtrances de Loſnis à Fonſteland.

TAndis que l'Empereur deuiſoit auec ſes familiers, les Dames auoyent fait tendre leur pauillon vn peu auant dans le bois, où l'on donnoit du plaiſir à Loſnis ſelon les occurrences, & veint à propos qu'il falut faire là le ſeiour, pour le reſte du temps qui attendoit la nuit, & auſſi y coucher. Il ſemble que ſouuent le deſtin ſ'accorde auec les occaſions, ou bien qu'il les face venir à gré à ceux qui ont l'ame ſincere. Ce iour meſme eſtoit le dernier d'Auril, & il eſtoit escheu que Lofnis estoit nee le premier iour de May, de sorte qu'y pensant durant ce petit repos Fonsteland prit sujet de faire quelque partie pour sa Maistresse. L'Empereur estoit occupé à son diuertissement, & les Princes Fortunez eschapperent vn petit, & vindrent voir les Dames. La Belle Serafise compaigne de Lofnis, qui ne pretendoit rien moins en l'amour, que d'obliger vn iour quelque braue courage, leur dit, Et bien Princes, vous semblez estre oyseux, que ne vous auancez vous chacun en l'honneur de sa maistresse, pour donner du plaisir aux Dames? CAVALIREE. Madame, commandez absoluëment à vostre seruiteur, afin que nous sachions si vous auez autant d'adresse de le bien traitter, que vous estes capable de le posseder. SERAFISE. Ie n'ay encores rien acquis, & pourtant ie ne puis faire ce que vous dites, quãd ie sçauray d'auoir puissãce sur vn bel esprit, i'en vseray selon le bon iugement qu'amour me laissera. CAVALIR. Seroit-il vray que vous, tant belle & accõplie fussiés parmy les beaux esprits, & que rien ne fut à vous? SERAFISE. M'estimez vous de tant de merite que ie peusse posseder quelque cœur? CAVAL. Croyriés vous que i'eusse si peu de iugement, que ie ne peusse estimer ce qui doit estre? Comme ils estoyent sur ces petits debats, il suruint vne mascarade de sept gentilshõmes qui firent vne entree fort agreable & leur balet repeté par vne belle voix disoit:

Triomfés iustement dessus toute excellence,
Vous Belle qui auez toutes perfections,
Tout ce qui de parfait porte quelque apparẽce,

Imite en sa grandeur vos braues actions.

Ie ne vay point cherchant d'Idee passagere
Pour vous representer vos merites parfaits,
Ceux là qui vous verront, à la veuë premiere
Prendront de mon discours à tesmoins les effaits.

Vostre esprit releué sur les termes du monde
Va tousiours meditant des desseins glorieux,
Vostre cœur est si grand qu'aucun il ne seconde,
Tant soit il de vertu ferme deuotieux.

Vous estes tout ainsi que les flames mouuantes
Qui s'esleuent tousiours deuers l'eternité,
Et vos pensees sont des pensees brillantes
Apres les grands obiets pleins de diuinité.

Vous estes le raport des essences extraites
Du suiet accompli de merite, & d'honneur,
Telle on vous iugera le patron des parfaites,
Le paradis des cœurs, des esprits le bon heur.

Toute la belle troupe fut esmeuë de ceste gentille petite auanture qui fut longuement continuee à l'honneur de Lofnis, qui cognut bien que ceci partoit de l'inuention de Fonsteland, qui auoit choisi ces sept, lesquels se presentans deuant les Dames les mettroyent en opinion, que chacun d'eux chantoit ainsi les merites de sa maistresse. Le bal estant cessé, vne Dame presenta le lut à Fonsteland, luy disant qu'elle luy offroit comme à celuy qui estoit l'vnique à le bien toucher, & le prioit par celle qu'il desiroit seruir, de se donner luy-mesmes le plaisir qu'il esliroit pour esgayer ses pensees: Il le prit de ceste belle main, suyuant la forte coniuration que la bouche en auoit faite, & dit: Ie vous reciteray vn petit souspir tel que ie l'ay assemblé, pour l'honneur de celle qui guide les puissances de mon esprit.

Ce qui est de grandeur, de beauté, de sagesse,
Est en l'vnique obiet, honoré de mon cœur,
Aussi rien n'est parfait que ma Belle maistresse
Dont les merites sont des merites l'honneur.
Ces beaux yeux sõt des feux dõt la source eternelle
De lumiere fournit l'vniuersel flambeau,
Son front de majesté est le parfait modelle
Sur lequel est formé tout ce qui est de beau.
Sa bouche est des destins la profetesse sainte,
Sur ses leures tousiours se sied la verité,
Et son ame qui tient toute autre ame contrainte,
Va reduisant tous cœurs selon sa volonté.
D'vn cœur humilié d'vn courage sincere,
Ie la vay recherchant en mes deuotions,
Telle est ma pieté, car ce seroit mal faire
De n'aymer & seruir tant de perfections.
Royne des volontez receuez ce seruice
De l'esprit qui sans vous l'amour n'estimeroit,
Et iugez aux effaits de l'humble sacrifice
Du cœur qui volontiers pour vous s'immoleroit.

A ce propos fut mis en auant le seruice qu'on doit aux Dames, & chacun proposoit le desir qu'il auoit à seruir sa maistresse: Et là dessus Serafise accorte entre les belles, parfaite entre celles qui ont de l'entendement, & galante entre celles qui sçauent bien dire, se prit à raconter sa propre fantaisie, où la fantaisie qui la faisoit parler. Il y a dit-elle en ceste court, vn personnage qui est fort accompli, & qui discourãt auec moy me façonna le discours, pour r'abatre les beaux & auantageux propos de ces Amans, qui n'ont autre parole en la bouche, que le seruice qu'ils doiuent aux Dames, & cependant n'ont rien moins au cœur, d'autant qu'indifferemment à chacune ils vsent de mesmes protestations de fidelitez. Ie dy vray que ie croy que tels n'ont rien de bon en l'ame, ou bien ils pensent comme ils disent, estants affectionnez de tous sujets quand ils les rencontrent: Cela n'est point amitié, & encor moins amour. Et pour s'en asseurer, il faut auoir cét homme de bien, qui par sa belle dexterité peut, si quelque Dame l'en prie, luy faire voir son seruiteur, en pourtrait tout à l'instãt. LOFNIS. Ie te prie, m'amie, que nous l'ayons, afin qu'il me face voir mon seruiteur. SERAFISE. Quand il n'y aura que nous deux, ie le feray venir, il ne se veut pas communiquer librement à toutes personnes, & si tost qu'il sera auec nous, il vous fera voir en belles figures tout ce que vous aurez enuie de voir. VIVAR. Madame ne croyez pas ce que ceste prudente Dame vous dit, & n'y pensez point, ces petites gentillesses sont aussi vaines que les ærs figurez, prenez vous aux preuues, qui seront solides & vrayes demonstratiõs de ce qui est, & ne vous abusez point vous laissant trõper par ces ramasseurs de petites gentillesses. SERAFISE, Vrayment vous en parlez d'affectiõ, vous auez peur d'estre descouuert, & que ie sache par lui si vous estes fidele à vostre maistresse. VIVAR. I'ay tãt de fidelité pour ma maistresse, que si ce personnage lui vouloit monstrer autre pourtrait que moymesme, ma presẽce luy feroit tãt de peur qu'il tõberoit, & se laisseroit engloutir à l'enfer, lequel s'ouuriroit incõtinent sous ses pieds. Ce Prince disoit ceci pour rabatre la curiosité de Losnis, qui durant ce discours à ce qu'il aperçeut, auoit affligé Fonstelãd, lequel ne peut repartir à cause qu'il estoit surpris & preóccupé. A ces discours d'autres succederent, tãt que chacũ se retira. Fonstelãd estoit vn peu troublé, aussi son amour le cõuioit à ceste esmotiõ, en laquelle ruminãt & se trouuãt seul, il deschargea sõ cœur, r'assemblant en belles paroles ce qu'il pensoit, ce qu'il pretendoit, & ce que son ame auoit deliberé, & trouua moyen de l'enuoyer à Losnis qui le receut, ne se doutant point de ce que c'estoit. Elle le prit doncques, mais elle changea plusieurs fois de pensee au pris qu'elle courut des yeux & du cœur ces verset,

Rentrez dedans vos creux substãces tromperesses,
Qui sçauez par vos arts surprẽdre tãt de cœurs,
Ne venez plꝰ charmer les yeux de nos maistresses
Faignãs de leur monstrer l'ær de leurs seruiteurs.
Anges pernicieux que la detresse ronge,
Et qui sçauez mentir quelques felicitez,
Fuyez, car les beaux cœurs ennemis du mẽsonge,
Ne se destournent plus apres vos vanitez.
Et vous mignons esprits semblances eternelles
De l'esprit tout-puissãt, croirez voꝰ ces mẽteurs:
Voꝰ chef-d'œuures de Dieu faites pour estre belles,
Quoy voudriez-vous aussi croire ces seducteurs?
Vous belle de mon cœur qui auez cognoissance
Que ie n'honore rien que vos perfections,
Voudriez-vous rechercher vne fausse apparẽce,
Pour deceuoir amour & mes affections?
Vous voudriez vous attendre aux especes friuoles,
Qu'vn triste charlatan vous feroit esperer,
Et mesprisant la foy de mes chastes paroles,

Du meurtrier de la foy vous vouloir asseurer?
Ces cruels deceueurs troublent les fantaisies,
Ils mettent dans les corps trop de tentations :
Mais les fidelitez des amours accomplies
Accompaignent le cœur de consolations
Voyez moy vous verrez non vne vaine image
Legerement pourtraicte en vn traict passager
Et vous qui iugez bien d'vn fidele courage
Vous y verrez bien plus qu'vn nuage leger.
Mais qui vous faict penser à cette experience
De vouloir par hazard voir vostre seruiteur
Sinon que meprisant ma fidelle constance
Vous faictes peu de cas des deuoirs de mon cœur.
Vous abusez amour, vous fraudez sa creance
Puisque vous estimez ces fantasques discours
Je prens donques congé, car frustré d'esperance
Ie voy que vous auez cent mille autres amours
Et puisque l'on se fie aux douceurs de ces Dames
Qu'on s'oblige d'esprit à seruir leur beauté,
C'est se recuire en vain dans des iniques flames,
En se rendant l'obiect de toute indignité
Puisque vous desirés qu'vne fause magie
Vous monstre le succés de vos intentions
C'est faict, il ne faut plus que constant ie supplie.
Car vostre cœur est loin de mes pretentions
Ma belle i'en mourray, tant pressé de detresse
Que ie ne pense plus retrouuer de l'espoir
Voila! ie scauois bien qu'vne belle Maitresse
M'abusant de propos me deuoit decevoir.
Rompez ce doux lien, qui oblige ma vie
Auant que d'aller voir ces desloyaux pipeurs
Et puisque vous auez de ces preuues enuye,
Ne faictes plus d'estat de suborner les cœurs.

Que ie fus abusé quand i'asseruy mon ame
Au volage donteur de mes presomptions
Non ie ne deuois pas vous honorer ma Dame,
Pour extresme subiect de mes ambitions.
Mais quel trouble est-ce cy, ces magiques sẽblances
Pourroient-elles forçer mon cœur determiné?
Faut-il qu'vn vain abus froisse mes esperances
Et qu'vne opinion me rende ruyné.
Non ie ne pense plus en ces pensees vaines
Suiuez si vous voulez, ces demonstrations
Ie suis tant arresté d'affections certaines,
Que ie ne veux penser qu'en mes affections.
Ma belle pardonnez à mon impatience,
Et ne vous defiez de mes chastes sermens.
Tousiours le grand amour est plein de vehemẽce,
La crainte suit tousiours les fideles amans.
Non, ie ne pense pas que cent mille figures,
Vous peussent destourner de me vouloir du bien,
Et ie veux m'asseurer que tant & tant d'augures
Dont on tente les cœurs ne me nuiront en rien.
Cependant tout d'ardeur, prompt à vostre seruice
Ie paroistray parfaict en resolution,
Et ne desirant rien que vous auoir propice
J'arreste à ce dessein ma reputation.
Vous ne me verrez plus auec la deffiance
Machiner inconstant quelque rebellion,
Mais tout deuotieux ie feray penitence
Des desseins outrageux de mon opinion.
Vous estes des beautez l'image que ma vie
A prise pour suiect que reuerer ie veux,
Ie vous immole doncq mõ cœur en saincte hostie,
Car vous estes l'obiet de l'honneur de mes vœux.

Ceste Princesse lisant ces vers eut plusieurs

fantaisies au cœur, car voyant les agonies, les desespoirs, les resolutions, & puis la palinodie de celuy qui est à elle, se trouue en peine, elle balāce son desplaisir auec son asseurance, & puis sage s'aduisant qu'vn amant n'a pas si tost failly, qu'il demande pardon, se tient aux dernieres paroles de son escrit: car cōpassant les passions d'vn qui s'afflige aisément & sans cause, auec l'agitation de sō propre cœur qui la cōuainc d'auoir vn peu failli, se tāce soy mesme de n'auoir pas eu assez de discretion. A dire vray, c'est vn accroc bien delié & vne delicate passion que l'amour, le cœur qui l'a logé s'vlcere facilement, parquoy il est besoin de bien traicter les pauures esprits qui en sont touchez, de peur de les violenter & faire choir en des precipices qu'ils se cauent indiscrettement eux-mesmes, sans que souuent on y pense, l'ombre d'vn petit oyseau passant aupres d'eux, leur semblera plus grand que la pyramide obscure dōt la terre oste la lumiere à la Lune. Tandis que la Dame entretenoit ses pensees, & qu'elle se iugeoit l'auoir incité à ce petit dépit, dont elle se repētoit aussi biē que luy. Voicy les Princes Fortunez & plusieurs autres, lesquels suruindrent au soir auec les luts donner la musique aux Dames autour la tente de Lofnis, qui se mit à deuiser auec Serafise, & quelques autres, son ame pourtant n'estoit point biē rassise, car elle auoit inquieté celle de Fonsteland, toutesfois elle se remit bien tost par l'effet de ceste partie faite en faueur d'elle, à la fin de laquelle elle ouyt vn air qui à son auis cōme les cœurs aymās croyent tout ce qui leur plaist, estoit souspiré pour elle, & aduint que quatre luts s'en accorderent, & vn page auec sa belle voix poussa par l'aër les paroles de ce souspir,

Cesse pensee trop cruelle
De troubler mes affections,
Car le courage de ma belle
Prend garde à mes deuotions.
Opinion par trop fascheuse
Qui m'incit oit à blasphemer,
Fay place à la respectueuse
Qui me la fait tousiours aymer.
I'eusse esté lasche & miserable
D'obtemperer à mon malheur,
Car ma Maistresse pitoyable
Accepte les vœux de mon cœur.
Amour pardonne à ma folie,
Plus ie ne me reuolteray,
Perseuerant toute ma vie
Ma Maistresse ie seruiray.
Fuyez fascheuses fantaisies
Et venez les douceurs d'amours,
Afin que nos ames unies
Se puissent entr'aymer tousiours.
Ma belle, croyez que mon ame
Iamais plus ne s'engagera
A d'autres desseins qu'à la flame
Qui pour vous la consumera.

Que l'incõsideratiõ dõne de peine aux ames qui s'y laissent emporter! cest amant flottoit en son dépit, & puis il se dõna vn grand trauail pour en effacer la faute: Ses passions l'agitẽt par sa propre erreur. Sa Dame l'a vn petit affligé, & il s'est vlceré trop violentemẽt, & puis il reblãdit. Et en cest estat, pour oster toute opiniõ de son mescontẽtemẽt: il s'aduise d'vn beau deuoir, où possible il n'eut pas pẽsé sans ceste pointille, &auquel aussi s'il eust failly durãt cest accidẽt, Losnis eust creu qu'il eust tenu son indignation contre elle. Il en parla à ses freres, qui tous ensemble aduiserent au suiet proposé, & selõ l'antique coustume ayãt ordonné tout ce qui faisoit besoin furẽt prests auec leurs amis presens à dõner l'agreable resueil aux dames, en plantãt au matin vn May pres la porte de la tente de Losnis: cest arbre fut conduit auec les instrumẽs de Musique, & les voix iointes à l'honneur & à la magnificence, eu égard à la reuerence du iour, & à cause de la solemnité, & de la Dame pour l'amour de laquelle ceste ceremonie s'accomplissoit. En suitte de ceste façon de faire vn page vint à la chambre de la Dame, & luy presenta vn myrthe qui estoit lié d'vn petit rouleau autour de sa tige, en ce rouleau estoit vne escriture fort delicate, releuee d'or: Elle ayãt sçeu ce qui s'estoit passé dehors receuant agreablement ce bouquet en defit mignonnement le petit parchemin, & le disposant en son premier plan, prit plaisir d'y lire.

Arbres qui redressez vos cimes blanchissantes,
Qui brillent vers le Ciel de tant de belles fleurs,
Portez encor plus haut vos testes fleuronnantes
A l'égal des desirs des plus fideles cœurs.
Ie m'aduance entre vous par fidele coustume,
Pour eslire le brin de mes intentions,
Et comme est la beauté qui mon courage allume,
I'auray l'œil au plus beau pour mes deuotions.
Ces Mays que le commun qui vit sans cognoissance
Plante pour la beauté de son émotion,
Sont arbres qui n'ont riẽ qu'vne foible apparẽce

Comme la volonté qui n'est qu'opinion.
Les suiets sont aussi semblables aux symboles
Car on recognoit bien la cause par l'effet,
Tous ces autres suiets sont des suiets friuoles.
Il n'est que mon obiet de merite parfaict.
La beauté que i'honore est toute de merite,
Et parfaits sont les vœux que mon ame conçoit.
Il me faut dōc vn may des plus beaux mays l'élite
Pour offrir dignement ce que mon cœur luy doit.
Dans les forests d'honneur conduit par ma lumiere,
Ie choisiray d'amour le rainceau bien-heureux,
Aux branches i'appendray, mō zele, ma priere,
Mes flames, mon desir, mon espoir & mes vœux,
Puis ie le poseray deuant la viue image,
Où mes deuotions s'addressent sainctement,
Ma belle le voyant y verra mon courage,
Et sçaura que mon cœur l'honore uniquement.
Ie ne dresseray point vn arbre perissable
Deuant les chastes yeux de la beauté d'honneur,
Et comme son merite est parfait & durable,
Ie luy rendray des vœux dignes de sa grandeur.
Mais que vay-ie cherchant? il n'y a plus de plante
Qui se puisse égaler à mon affection,
Ma belle est le rainceau qui sans cesse s'augmēte,
Pour estre unique may de la perfection.
Donq que lui offrirai-ie en signe de mon zele?
Vn cœur humble & deuot plein de fidelitez,
Belle acceptez ce vœu qu'apend vostre fidele
Auec obeissance aux pieds de vos beautez.
Mes desirs ne sont point fleurs de vaine apparēce,
Car en fruits de deuoir à la fin ils croistront,
Et vous verrez aussi par ma perseuerance,
Que les fidelitez de mon coeur dureront.

Pour paracheuer la partie il falloit du tẽps. Parquoy les Princes Fortunez auiserent l'Empereur des coustumes de ce iour, & qu'ayant veu venir en lumiere le gage de sa chaste affection, ils le prioyẽt que ce iour fust festé, ce qu'il eut agreable, ioint qu'il vouloit en tout gratifier les Fortunez, & puis il se doutoit que Fonstelãd estoit seruiteur de sa fille, ce qui luy plaisoit, partant il accorda ce qu'ils voulurẽt. Ce mesme iour arriuerent forces Princes, Seigneurs & Gentilshõmes de la part du Roy de Nabadonce qui vindrent saluer l'Empereur, lequel les receut magnifiquemẽt, nõ cõme voyageur, ains en grand Monarque: à l'issuë du disner la musique s'assembla, & fit entendre cet hymne souspiré par le deuot d'Amour, à sa belle.

Voicy le iour heureux du sainct Anniuersaire
De la Natiuité de la Royne des cœurs,
Les amans qui voudront à leurs Dames cõplaire,
Doiuent prouuer icy l'effet de leurs ardeurs.
Que tout amant de Foy face icy son offrande,
Qu'il immole son cœur deuant ceste beauté,
Il fera son deuoir comme amour le commande,
Car c'est icy l'autel de sa diuinité.
Mais que me reuiendra de l'humble sacrifice
Que i'y viendray deuot faire en fidelité,
Si elle ne reçoit mon fidele seruice,
Mes vœux seront ainsi que n'ayans point esté.
C'est tout vn, il conuient pour gaigner la Fortune,
Faire icy de nos cœurs vn deuoir precieux:
Les Dames le sçauront, & possible chacune
Aura quelque pitié de son deuotieux.
Belle, si c'estoit vous qui voulussiez entendre

Aux

Aux fideles deuoirs de mon humilité,
Que ie serois heureux ! heureux i'y peux pretẽdre
Car en me receuant vous m'auez arresté.
Ie m'abuse, peut-estre, vne Dame si sage,
Ne fera pas estat de mon affection,
Possible si fera, pource qu'en leur courage
Les Dames ont tousiours de la compassion.
Ma Belle, ie croy donc, qu'il vous est agreable
Que pour vostre sujet ie m'oblige à l'amour,
Et que de vos faueurs me cognoissant capable,
Si ors vous ne m'aimez, vous m'aimerez vn iour.
Que si pour mon sujet vostre ame n'est atteinte,
Vous ne lairrez pourtant de receuoir ces vœux,
Car en les receuant vous n'en serez contrainte,
Voyant & non sentant la vigueur de mes feux.
Telle est la liberté des ames genereuses,
Telles sont les amours des amans plus parfaicts,
Les esprits releuez, les Dames curieuses,
Suiuent ainsi l'amour cognu par les effects.
Or c'est faict, me voila, ie suis à vous ma Belle,
Triomphez de mon cœur, qui seule vous cognoist,
Il n'a point d'autre amour, il n'a point d'autre
Zele
Qu'estre eternellement tel qu'il vous apparoist.
Ce fut à pareil iour que vous fustes propice
A mes fidelitez qu'il vous pleust receuoir,
Et que ie vous iuray de vous faire seruice,
Par les plus beaux effects que produit le deuoir.
Tout ainsi que l'honneur vostre courage addresse,
Il conduira l'estat de mon intention,
En vous recognoissant pour vnique maistresse:
Car c'est le terme heureux de mon ambition.
En ce desir constant, ie vous rends cet hommage,

Comme tenant de vous la vie & le bon-heur,
Prenez en le profit, fuyez-en le dommage.
Vous qui sçauez iuger de merite & d'honneur.

Les exercices estoient conduits en perfection, & le contentement cheminoit à pas dans les commoditez, parmi ceste chaste troupe où chacun de nous s'addonnoit & employoit à ce que son cœur descouuroit pour dõner de la resiouissance à l'Empereur, & fauoriser Lofnis, laquelle ayãt pris l'occasion auec Fonsteland, luy dit : Vous auez vengé vostre cœur à mes despens, me dõnãt des alarmes fascheuses, ie vous prie que cela ne soit plus, si ma vie vous est chere, & ne prenez pas tout ce qui se passe au pied leué, vous desirez la fidelité, procurez la moy, afin que nous puissions l'vn par l'autre receuoir du plaisir sans nous donner indiscrettement des tourments : puis que vous estes asseuree de ma volonté, faictes que ie ne puisse douter de la vostre : Et que cy apres les demonstrations de vostre amitié ne me soient point espineuses, d'autant que i'ay l'ame tant vnie à sa proprieté d'essence qui est toute vnité, que ie ne puis rien souffrir d'estrange. Or auisez en m'aimant, que ie ne reçoiue de vous autres fruicts que de parfaicte affection, si vous ne voulez trouuer en moy, non vne personne viue qui vous aime, ains vn corps delaissé de son ame, qui vous sera vn sujet eternel de regret. FONSTELAN. Ie vous requiers pardon, & me le deuez accorder afin que ie vous obeisse ; & ie vous iure resolument que iamais plus ces folles circonstances ne troubleront mon cœur, & m'en garderay diligemment, afin que ma vie vous soit à plaisir.

Ce deuis agreable estoit continué, quand pour le fruict les Fortunez furent mandez pour aller au Conseil, à cause qu'à cet instant estoit arriué vn Roy d'armes, accompagné de sept heraux, qui de la part du Roy de Nabadonce, signifioit à l'Empereur, que pour l'amour de luy le grand anniuersaire d'Amour auoit esté remis à commencer à son arriuee en Amerimnie, & qu'il ne seroit ouuert que quand il le diroit : dauantage le Roy luy mandoit qu'il auisast à se deffendre, pource qu'il le vouloit vaincre de courtoysies. Apres les auis pris, l'Empereur fit responce qu'il remercioit le Roy son frere, & qu'il se tenoit ia pour vaincu : mais que quelque iour il tascheroit de faire paroistre ce qu'il auoit au cœur pour triompher auec luy sur le char des magnificences, où ils disputeroient d'vne derniere victoire pour le mesme suject. Ce Roy d'Armes s'en retourna ioyeux d'honneur & de dons : Et l'Empereur deslogeant assez matin suyuit son chemin, assisté d'autant d'esperance qu'il en pouuoit practiquer : il est vray qu'il auoit aussi tousiours de la douleur, & il les balançoit incessamment, mettant pourtant tousiours le plus fort du costé de l'espoir.

DESSEIN IIII.

Arriuee de l'Empereur en Nabadonce. Don de Selise. Les Princes receus du Roy. Responses de l'Empereur pour les sept Damoiselles & auec Sarmedoxe. L'Empereur est introduit en l'Hermitage. Vertu du lieu sur les pensees. Premiere seance au Palais de la Lune.

LA Noblesse arriuoit de toutes parts, tant pour faire honneur à l'Empereur que pour voir les Princes qui auoient esté si longuement perdus, & par le commandement du Roy l'Empereur estoit conduit és bõnes villes, où il estoit receu auec toute magnificence, & quand il approcha d'Amerimnie le Roy vint au deuant de luy, & s'entresaluerẽt ces deux Monarques auec toute courtoysie & façon de Princes, qui s'aimẽt sans feintise. Le Roy à l'arriuee honora l'Empereur de tout ce qu'vn grand peut apporter à la reception agreable d'vn autre grand qui le vient voir en amy. L'Empereur estant arriué il fut logé au Palais d'Amelie, & sa chambre fut au pauillon du Querderotrofe, où toutes commoditez luy furent offertes selon que le Roy l'auoit ordõné: Les Ambassadeurs des Roys & Princes amis eurent audience en sa presence. La Court fut incontinant enflee de toutes sortes de personnes qui venoient de toutes parts, & chacun auoit son departement, & sur tout ceux qui venoient au grand Anniuersaire estoient logez à Selise bourg prochain, dõt estoit seigneur Getosin Apragme, ceste seigneurie autrefois estoit nommee Hazard, mais ce nom fut chãgé à cause d'vne belle Dame qui en demeura heritiere, laquelle auoit nom Selise, & le donna aux ancestres de Getosin, à condition qu'à touſiours le bourg porteroit son nom, ce qu'elle fit, parce qu'elle voulut viure vierge, & mourir en ceste volonté, n'appetant autre recognoissance, pour tant de bien donné liberalement, qu'vne simple & douce memoire de son nom. Tout disposé le Roy fit appeller ses fils, & les ayant introduits en son particulier, les receut auec indices de faueurs paternelles, leur declarant son intention, à laquelle il estoit bien aise qu'ils eussent respondu, & voulut les receuoir ainsi. Car ce faict touche de si pres qu'il n'eut sceu faire le Roy & le pere deuant la multitude. Oloclirее leur sage sœur eut vn de ses bons contentemens, receuant aussi vn aise particulier de ce que Losnis luy fut commise pour la traicter, & conduire où il luy plairoit, & le bien fut encor plus grand en son cœur quand elle sceut la part que son frere Fonsteland auoit en la belle grace de la Dame. Le Roy estoit fort contant de ses fils, & ce qui plus le contentoit & luy donnoit de satisfaction en son cœur, estoit l'agreable recit que l'Empereur en faisoit, quand ils estoient ensemble, luy tesmoignãt les merueilles de leur sagesse & valeur. Le iour s'approchoit que l'Hermitage deuoit estre ouuert, ainsi que l'Empereur l'auoit demandé au Roy, qui luy auoit donné tout pouuoir; Tout y estoit appresté, & les magnificences y abondoient, & les statuts, ordonnances & coustumes furent proclamees, & le iour de deuant la souueraine enuoya vers l'Empereur les sept Damoiselles egales, lesquelles se presenterent à luy toutes d'vne façon ensemble, & d'vne mesme grace, & luy fut dit qu'il choisit la plus belle à son gré. Or ce fut ou par la vertu propre de ce bel esprit qui n'estoit point alteré, ou pour ce qu'il ne vid rien en celles-cy qui ressemblast à l'air de sa desiree Etherine, laquelle seule il estimoit belle, qu'il fit ceste responce: Ie n'ay garde de donner iugement sur les sujets diuins, de peur d'irriter la puissance qui s'est reserué ce secret, & puis si ie m'arrestois à vne faisant vn choix possible inequitable, i'ẽ aurois six ennemies, parquoy i'aime mieux gratifier chaqu'vne qu'vne particuliere, & puis ie suis venu icy pour estre iugé & non pour iuger. Apres cela Sarmedoxe luy demanda: Sire, si ces belles estoyent en vne chambre dont elles ne peussent sortir qu'vne à la fois, à laquelle est-ce qu'il appartiendroit de sortir la premiere? L'Empereur. Celle qui sortiroit la premiere seroit vne belle. Sarmedoxe. Sire, si vous n'auiez point d'affection la mettriez vous en ceste là? L'Empereur. A ceste heure qu'elles ne sont plus icy, ie vous dy que i'aurois l'ame aussi capable de les dedaigner toutes que de m'addonner à vne. Sarmed. Qu'estimez vous d'elles, Sire. L'Empereur. Egalement: car n'ayant point d'emotion particuliere pour aucune d'elles, i'en estimerois le tout comme il paroist sans m'y obliger. Et de faict, ce qui ne touche point est ainsi qu'vne peinture où nous voyons du droict, du courbe, la figure du ioyeux & du triste, & telles differences qui ne nous esmouuent point à les gratifier ou plaindre. Apres quelques autres discours Sarmedoxe se retira pour faire son rapport à la Souueraine. Le iour de l'ouuerture du grand Anniuersaire d'Amour l'Empereur fut introduit en l'Hermitage d'honneur où il contempla auec quelque admiration les magnifiques ornements du lieu qui estoit paré de tout ce qui est requis à l'accomplissement d'vne maison heureuse. Estant en la sale du Donjon deuant la Souueraine (car par bienseance il obseruoit les loix du lieu) il luy fit entendre la cause de sa venuë, apres quoy il fut arresté que sa maiesté logeroit au palais de la Lune. Cependant l'Empereur se promena és lieux libres, remarquant les sept palais autour du Palais des secrets, & Sarmedoxe l'entretenant luy dit: Sire, qu'estimez-vous des belles raretez que vous auez desia veues ceans? L'EMPEREVR. Si i'auois l'ame en la tranquillité que ie suis venu chercher icy, ie vous dirois possible des expositions que parauanture plusieurs courages ne pourroient supporter. Mais estant en l'estat diminué où ie me trouue, i'attés à parler au temps que i'auray barre sur mes conceptions. Toutefois ie vous diray en passant (non pour vous, car c'est le cõtraire que vos actions & mon discours) que ie m'estonne comment chacun est actif à faire des figures & peintures ressemblantes aux personnes, & on ne s'addonne point à faire tant que l'on puisse tascher à ne ressembler pas aux figures. SARMÉDOXE. Sire, quelle difference pensez vous qu'il y ait entre le semblable & le ressemblé. L'EMP. Celle que le temps, le lieu, & la disposition y apportent. Ils deuisoient de plus en plus entrant profondement sur les sujets plus notables, au moyen dequoy l'Empereur apprit le principal secret de l'Hermitage, lequel estoit de l'inuention de la Souueraine; à sçauoir que quand vn amãt ou amãte estoit dãs le palais où les causes se plaidoient, & que separé ou en compagnie on deduisoit son affaire, on entroit en la mesme humeur, semblable esprit, pareilles pensees, & discours egaux aux precedens, on estoit possedé de telle sorte, que quand l'Amour agitoit le cœur suyuant les rencontres, deuis, recherches, propos & actions amoureuses comme au fort de la passion, & pensoit-on estre tout ne plus ne moins qu'en tel temps. Or pour faire honneur à l'Empereur, le Roy & la Souueraine auoient auisé ensemble que l'Empereur presideroit iusques au iour qui le concernoit, que la Souueraine rentreroit en son siege pour pronõcer les derniers arrests. L'Empereur fut fort contant de cela, & se disposa de bien faire. Au iour ordonné que l'Hermitage fut ouuert, ensuiuant les statuts & bonnes loix, l'Empereur fut conduit en la sale de l'Audience du Palais de la Lune, où il entra vestu d'vn riche accoustrement de toile d'argent, accompagné de toute l'ordonnance, ainsi qu'il conuenoit à sa maiesté. Les meubles du Palais estoient tout releuez d'argent & les fermetures des huis & fenestres en estoiẽt, & n'y auoit vtensile qui ne fust de fin argent, ou en eut autant qu'il estoit necessaire. L'Empereur ayant fait vn tour par la sale vint à la fenestre pour regarder la construction du lieu, & recognoistre où il estoit; de là il considera & remarqua les autres Palais bien distinguez, & de dessous le Donjon il recognut vne petite source qui surjonnoit doucement, rendant vn beau ruisseau assez limpide, dont les fossez du Palais de la Lune estoient pleins, & l'eau en estoit ressemblante à la brunisseure de son metal, apres il s'assit sur le riche lit d'argent, & autour en leurs sieges se mirent les Conseillers, les maistres des ceremonies & officiers d'Amour, puis on appella les Amans. Adonc il entra vne belle Damoiselle, ieune & bien paree, qui ayant humblement salué l'Empereur, s'alla asseoir sur vn carreau qui luy auoit esté ordonné, vn peu apres il entra aussi vn Gentilhomme qui à sa façon paroissoit auoir esté bien nourri. Ces deux sont deux Amans qui ont faict le voyage pour plaider leur cause, en intention d'auoir issuë agreable de leurs peines. Vn peu apres entra la Souueraine, accompagnee de ses Dames, & vint s'asseoir au costé droit de l'Empereur à ses pieds sur vn trosne d'argent qui luy estoit preparé.

Estant assise vn petit, elle se leua & dict à l'Empereur : Sire, à vostre commandement chacun se mettra en deuoir. Puis se remit en son siege. Alors l'Empereur dit : Que donques ces belles Ames facent paroistre ce qu'elles ont esté, & quel fut, & est l'estat de leurs desirs. L'Amant s'aprochāt de la Belle cōtre la barre où les passionnés parloient, baise la main & luy tendit, & elle se leua & il luy dit : Vous sçauez belle Prosine, que i'estois franc de soing, & que ie n'auois aucune apprehension lors que ie fis rencontre de vostre beauté, qui m'apparut comme vn astre de bon-heur, & ie ne veux que vous seule pour estre iuge de mes actions, depuis que ie vous eu presenté mon seruice, & que pour vous ie formé en mon cœur l'inquietude & le souci d'amour ; vous ne vous estes iamais plaint de moy pour auoir fait faute au seruice que ie vous doy. Aussi ayant fait mon deuoir ie suis venu icy, non pour vous accuser, ains pour demander recompense de mes sainctes affections, & faut mettre en euidence ce qui est passé entre nous, afin qu'il en soit memoire en la vie des bõs amans, vous sçauez aussi que i'ay eu le cœur net, & que quelque discours que ie vous aye fait practiquant vos belles graces, mes paroles ne souspiroient que ce que ie vous representeray. Ma fidelité fera paroistre que ie suis tellement constant, que difficulté aucune ne peut me destourner de mes desseins, ie suis tant resolu à la perseuerance, que iamais il ne paroistra de tache à mon honneur : aussi mes humeurs sont si bien disposez au proiect de mes premieres volontez, que ie ne fleschiray point, & quand mesmes ce seroit ma ruine que m'arrester au suiect où ma pieté m'oblige, si ne laisseray-ie dy continuer à cause de ma propre valeur. Dauantage mon suiect est de tant de merite, que ie ne peux rien penser de plus desirable. Soyez asseuree de ceste verité, & que mes paroles sont tousiours l'image de ma pensee. Ie cognoy bien que ie suis trop esloigné de toutes graces pour meriter que vous me croyez, ou que vous me voulez du bien, toutefois i'estime tant de moy, veu la belle impression que i'ay en l'ame, qu'il m'est auis qu'il faut que vous soyez certaine que ie suis veritable & constant à vous seruir, & par cela ie me persuade que vostre esprit tout accompli, reçoit quelque gloire de triompher de moy. Ces paroles sont le suiet de mon ordinaire entretien, ce que ie profere est le pied où ie me suis reglé en vous seruant. Ie sçay bien, & vous ne l'ignorez pas, que ie me suis incessamment conformé à vostre humeur, que ie voyois galante & releuee, & qui vous tiroit du commun ordre des Dames, parquoy en la protestation de mon seruice, ie chanté deuant vos yeux l'hymne de ma fidelité que selon la coustume de ceans, ie feray souspirer à ceste lyre, le repetant deuant ce grand Empereur, & ie vous prie d'y ioindre vostre voix, comme iadis nos volontez estoient vnies, quand nostre bonne fortune nous allectoit sous les aisles d'Amour. La Belle y consentant, souspira les accens de ce bel air.

Esleuez vostre cœur sur les formes plus belles,
Passez outre le ciel en vos conceptions,
Afin de vous vnir aux beautez eternelles,
Qui sont le saint obiect de vos affections.
Aussi permettez moy d'auoir l'ame eslancee
De ces belles ardeurs qui vont vous releuant,
Que vous ayant pour guide en si belle pensee,
Comme vn astre sacré ie vous aille suyuant,

Vous m'auez retiré des obiects perissables,
Seule m'ayant fait voir les images d'honneur,
Par vous i'ay recognu les suiects desirables,
Seuls dignes d'esmouuoir les secrets de mon cœur.
Je renonce à iamais aux vanitez passantes,
Ie ne veux plus rien voir qui ne soit iuste & saint,
Des erreurs de iadis dessus moy dominantes
Pour ne plus s'allumer, le desir est esteint.
Qu'une douce beauté par les vertus conduite,
A sur les volontez d'equitable pouuoir !
Belle, considerez vostre unique merite,
Comme prince absolu me renger au deuoir,
Que ie suis glorieux de si belle fortune,
Que mon cœur est contant d'admirer ces beaux yeux !
Mon ame vous suyuãt d'une ardeur non cõmune,
En souhaits accomplis, s'esleue iusqu'aux cieux.
Seule vous cognoissant digne d'estre estimee,
Ie mets icy le terme à mes ambitions,
Mon ame ne sera cy apres animee
D'autres feux, d'autre Amour, d'autres deuotions.

Le chant acheué, la Belle dit à cet Amant Prodile; Ie n'ay iamais douté de vostre affection, aussi nous ne nous sommes point separez l'vn de l'autre pour frauder l'Amour. Quand vous m'auez faict des protestations veritables ie les ay creuës, vous certifiant mon amitié: Si vous m'auez escrit, ie vous ay fait responce; aussi nostre amour estoit simple, reciproque & fidele, auquel il n'y auoit rien meslé d'estrange, la raison la conduit, & la vertu l'a continué tant que le deuoir nous l'a permis. Si le ciel l'eut ordonné, nous eufsions esté l'vn pour l'autre, ioinct que ce n'a pas esté le plaisir de ceux qui ont pouuoir sur nous : parquoy ayans esté vnis d'amitié, nous l'auons esté de conseil. Il vous souuient bien que pour dénoüer doucement nostre familiarité, ie n'vsé d'aucune violence, ny d'artifice dedaigneux, en ceste fascheuse necessité i'ouuris ainsi mon cœur deuant vous : Puis que le pouuoir souuerain qui dresse les sainctes volontez & ordonne toutes nos auantures, a destourné le succez de nos sinceres esperances, & que mon malheur s'est opposé à l'effect delicieux que ie m'estois proposé en la mutuelle fruition du but de nos desirs ; & que par la resolution de ceux dont nous dependons, lesquels nous deuons reuerer, & croire, toute l'apparẽce de nostre espoir est euanoüyé, & qu'il n'y a plus moyen de restablir ce que la fortune a ruiné, que nous ne pouuons refaire ce que les mauuais accidens ont destruit, que nous ne sauriõs renoüer ce que nostre disgrace a pour iamais deslié : Ie vous prie, vous qui auez esté mon cœur, viuant des douceurs de mon ame, qui estoit la vostre, & vous supplie par vostre fidelité qui m'a esté apparẽte lors que no⁹ disposions nos ames à mesme but, de vous souuenir d'vne promesse que vous m'auez faicte. Ceste promesse fut supposee sur la crainte d'vn auenir, elle fut conditionnee sur ce qui se pourroit offrir de contraire à nos pretentions s'il auenoit ; y pensant i'ay la pensee pleine de regrets, & ie gemis la rememorant, car nous nous promismes mutuellement de mettre peine d'oublier l'excez de nos affections, si la fortune se changeoit, adiouſtant à ceſte promeſſe toutes autres conditions. Or eſt-il que noſtre crainte a ſenti l'effect que nous redoutions, puis que ce que nous craignons eſt auenu: & pourtant ie vous requiers de la ſouuenance de noſtre reciproque foy, pour l'occaſiõ qu'il faut que ie vous declare, & auec cela ie vous coniure d'obtemperer à ma demande, en m'ottroyãt ce que ie veux, deſia vous y eſtes obligé par la priere que ie vous en ay faite, & que m'auez iuré d'effectuer ſon ſujet, quand ie vous manifeſté qu'il eſtoit queſtion de ſe deporter pour iamais de l'eſpoir qui nous auoit ſi doucement animez: vous me ferez donques l'honneur de me remettre és mains les mignons teſmoignages de nos ſecrettes & honneſtes amours; ce ſont les lettres que ie vous ay eſcrites, vous le ferez, puis qu'il eſt paſſé entre nous ſous conditiõs veritables. Et croy veu l'integrité de voſtre ame, que vous n'en ferez point de difficulté. M'obeiſſant, ie le veux ainſi dire à cauſe de ma qualité & de voſtre reſpect, vous reſtituerez à mon ame l'aſſeurance entiere de ſa pleine liberté, laquelle luy eſt acquiſe par noſtre ſeparation. Et vous demonſtrant touſiours veritable, vous m'obligerez à faire cas de vous ſur tous ceux qui tiennent leur parole entre les chãpions d'Amour, m'attẽdant à ce que i'en eſpere, ie vous ſupplieray de croire que tout ainſi que mon ame vous eſtoit fidelement vnie quãd nous courrions meſme fin de felicité amoureuſe, que de meſme mon affection ſera entiere vers vous, pour vous eſtimer & tenir le premier & plus cher de mes plus ſinguliers amis, & ie deſire de vous le ſemblable en pareil courage d'amitié : car nos premiers deſſeins n'eſtans plus, il nous faut oublier nos amours, nō pour les tourner en haine, mais en vne affection officieuſe, telle que ſera celle dont ie vous aimeray, pourueu que ie recognoiſſe que vous ne me deceurez pas. PRODILE. Ce que vous dites eſt vray, & i'y obtemperé, mais ie ne ſçaurois effacer l'amour, parquoi ie requiers ou que vous me recompenſiez de pareille penſee, ou que vous me donniez moyen de vous aimer ſans paſſion.

L'Empereur confere auec la Souueraine & les Seigneurs & Dames du Conſeil, & apres plusieurs auis demelez chacun retourné en ſa place, il fut conclud & ſa maieſté prononça l'arreſt.

L'vnité de vos volontez ſ'eſtant trouuee en voſtre auanture, il eſt ordonné que vous changerez d'affections ſi vous pouuez, ſinon vous vous reduirez à ce que la commodité vous offrira comme l'honneur le permet.

Apres ceſte cy pluſieurs cauſes d'Amour furēt plaidees & iugees, au contentement de ceux auſquels il eſcheoit. Mais vous petits eſprits, qui aboyez les courages nez à la reputation, c'eſt icy que ie prepare le glaiue qui tranchera voſtre envie, ce qui ſera gracieux aux cœurs debonnaires, deuiendra le venin qui vous fera mourir en voſtre malice, retirez vos yeux de deſſus ces pourtraicts du ſouuerain bien : Vous les autres qui eſtes ces belles ames qui fauoriſez les courages d'Amour, approchez vous, leuez le voile de ces mignons diſcours, & raſſaſiez vous des bonnes delices que ceſte pellicule de paroles enuelope,

Si le desir d'estre parfaictement heureux alleche quelqu'vn, qu'il se dispose de nous suiure aux endroits de l'accomplissement de tous souhaits equitables, & venant gayement icy on rencontrera toute consolation à la confusion des profanes.

DESSEIN V.

Beau debat & dispute de deux Bergers, entr'eux & auec l'Empereur. Sarmedoxe rend raison à l'Empereur de ce qu'on a mis la Lune la premiere. Le Palais des secrets : ce qu'il y a. L'Empereur y va & rencontre bien.

LEs Princes auiserent qu'il ne falloit pas ennuyer l'Empereur, parquoy ils luy conseillerent de sortir, & laisser acheuer le reste à la Souueraine. Ils le conduirent donques hors le parq, où de fortune estoient deux Bergers qui disputoient gentilement, & leur debat estoit agreable, & de consequence honneste: Ils furent appellez, & eux qui auoient accoustumé de voir souuent le Roy & les gens d'honneur en auoient pris telle habitude, que la honte païsane estoit corrigee, si que leur asseurance acquise fit qu'ils comparurent honnestement en ceste assemblee de tãt de grãds. L'Empereur leur dict : Mes amis, dites nous vostre belle dispute. Ces deux Bergers Neoret & Synet auoiẽt vn peu gousté au plaisir que la reputation donne à ceux specialement

ſpecialement qui ſe trouuent ſouuent en ceſt Hermitage, & s'eſtans eſpoinçonnez d'vn ſouhait plus releué qu'il n'eſt de couſtume à telles gens qui ont quelquesfois l'ame baſſe, ils s'eſtoient efforcez de ſcauoir quelque choſe, & leur debat eſtoit ſur ce ſuiect, mais premierement ils reſpondirent à l'Empereur & diſputerent auec luy auant que luy dire la reſponſe qu'il attendoit. NEORET. Sire, pourquoy nous appellez-vous vos amis, veu que l'amitié n'eſt que entre pareils, & n'eſt iugee du premier coup? L'EMPEREVR. C'eſt pour ce que ie veux vous aymer pour vous faire du bien. SYNET. Ce ſera donc vous qui ſerez noſtre amy, & partant ce nous ſera vn grand aduantage d'auoir tant conquis eſtans ſimples bergers. L'EMP. Et bien, ie ſeray voſtre amy, dés ceſte heure & veux que me teniez pour tel, & en ceſte qualité contentez moy de ce que ie veux ſçauoir de vous. NEORET. Il eſt raiſonnable, voſtre Maieſté nous pardonnera : Or, Sire, nous auons tant veu de belles gens qui ſont de bonne grace, que nous auōs enuie de les imiter. SYNET. Et voudrions bien les paſſer, car nous ſommes hommes, & puis vous nous auez donné du cœur. L'EMP. Comment cognoiſſez-vous qu'il y a de belles gens, & que vous eſtes hommes? NEORET. Par la lumiere qui nous fait iuger ce qui plait aux yeux. SYNET: Et par la parole que nous auons à commandement, pour chercher noſtre contentement. L'EMPEREVR. Dites-nous voſtre diſpute. NEORET. Compaignon diſons encor. SYNET: Ayons du ſuiet pour touſiours dire. NEORET:

I'ay tant mis de diligence, ce m'est-il aduis, que i'ay appris à cognoistre ce qui est és liures où ces gens d'esprit apprennent ce qui les fait sçauans, & pour te le faire iuger, ie te prie d'ouyr vne rime que i'ay faite, pensant à celle que i'ayme, mais prens-y garde, tu y trouueras toutes les lettres de l'A,B,C, ie l'ay dit à ma Bergere.

Aux kalendes de May, la belle Marguerite
Ficha le zele au cœur qui meurt pour son merite.

SYNET. Si ie ne t'aymois, ie serois depit courroucé, & enuieux contre toy, à ton esprit, & de ta gentillesse. Il faut bien que ce soit vn mesme bon ange qui nous guide, ie te diray que i'en ay fait vn de mesmes, si tu as mieux fait, tu auras gaigné, verifions tantost nos rimes, & escoute la mienne:

katherine guidoit par ses yeux les Zephirs,
Qui faisoient bien & mal voletter nos desirs.

L'EMPEREVR. Vous estes bons enfans, vous meritez, ie veux que vous ayez l'honneur d'auoir bien fait, & que vous en soyez recompensez: Il passa outre ayant fait donner vn beau present à ces deux compaignons. Estant de retour, & Sarmedoxe entretenant sa Maiesté, qui auoit tousiours l'œil sur les Princes, dont le conseil conduisoit tout, il demanda au bon homme, Mon pere, veu ce qui semble deuoir estre mesmes par les symboles du Palais des secrets, ie pense que i'ay occasion de m'enquerir pourquoy vous m'auez fait entrer au Palais de la Lune, auant qu'aller aux autres, & auez donné à cestuy-cy d'estre le premier en ordre? SARMEDOXE. Sire, les secrets sont pour ceux qui les meritent, lors que les curieux auront cogneu le bon principe sur lequel on a passé plusieurs fois, & possible en vostre presence. On iugera que le quatriesme & le premier peuuent estre confondus. Trois est le premier nombre, car il a commencement, milieu & fin: quatre est vn en recõmencant ainsi on a commencé au quatriesme, comme au premier, qui de fait est Saturne, mais pource qu'il faut considerer par dessus toutes les planettes, & auoir ce qui n'est point en elles, il a esté conuenable de les traiter selon le hazard des iours, & nous auõs pensé que vostre Maiesté l'aura agreable. L'Emp. Me voilà satisfaict quant à ce point, mais ie voudrois bien auoir l'entree de ce beau Palais qui me semble estre aussi grand que tous les autres, bien que la perspectiue le retranche de grandeur, quand on le voit d'vn des petits. Sarmedoxe. Sire, c'est vn fait de grande consequence, aussi pour neant vous ne l'auez nõmé grand, car le grand secret y est, mais l'importance est de n'y estre point trompé si vous y allez, à l'entree vous serez informé de la loy du Palais, qui est égale à tout le mõde, aux petits & aux grands, aussi la Fee qui en est concierge a les yeux tous ronds, elle void chacun d'vne mesme sorte. Si en suyuant la loy ayant receu le marreau pour guide au lieu où vous desirez & vous rencontrez, vous serez heureux, mais si vous faillez, il n'y a pas moyen d'estre rhabilité. L'Empereur. Ie vous prie que i'en face l'essay, i'espere que ie suyuray si bien la regle, que i'en auray du contentement: que s'il m'aduient autrement, i'y suis desia determiné, il ne me peut aduenir de disgrace plus importune que celle où ie me trouue. Ie pense sçauoir pour l'auoir ouy dire aux Princes ce que seruent les lettres que l'on voit aux banderoles du Palais : Et puis que tout d'vn coup vous m'auez introduit en la quatriesme station, vous pourriez bien me donner entree où la quatriesme lettre sert de gouuernail, & ie pense que vous l'auez resolu, car ie le coniecture par ceste circonstance, mais vous voulez que ie le requiere, & que i'en tente le hazard à ma requeste. SARMEDOXE. Sire, on fait souuent desirer ce que l'on a enuie de liurer : parquoy, puis qu'il vous plaist, cependant que la Souueraine acheuera ceste iournee d'audience, vous serez conduit au grand Palais, & i'en laisse l'auenture à vostre prudence, prouuoyez y.

Le Palais des secrets, dit le grand Palais, est assis au milieu : le bastiment en est fort ample, fait en eschiquier, ayant autant de sallettes quarrees, toutes distinguees l'vne de l'autre par allees & galleries pauees à l'antique de petits cailloux longs, & ses sallettes sont comme cellules, ayant en soy infinies capsules pleines de secrets: mais en la principale est le principal secret, de chacune petite salle, ou pauillon. La coustume du lieu est escrite sur l'entree du Palais, au pauillon du portal, auquel loge la Fee Garyose concierge du lieu, laquelle l'interprete à ceux qui ont congé de parler à elle. Les secrets qui sont en ces petits pauillons sont du reste qui a esté delaissé des fragmens de ce que les anciens Druydes enseignoient, & qui iadis auoit esté recueilly par les Dames de Sympsiquee, qui en ont honoré cest Hermitage. Les sallettes sont basties en cube, ayans sur soy vne pyramide parfaite, & sont enrichies à merueilles dedans & dehors, d'aucunes le corps est de briques, & la pyramide d'ardoise, quelques vnes sont de marbre, & la pyramide de tuiles de couleur, & sont ces tuiles faites de fin cyment pillé, ioint par la colle metallique ou plastre glutineux, qui les rend vermeilles & brillantes, telles tuilles sont formees en chassis, comme ceux ausquels on fait le papier, puis on les laisse secher au Soleil, auquel plus elles sont & plus elles embellissent, & y prennent vn beau & perpetuel poly. Ces differences y sont disposees au gré de l'œil. Tout le grand carré de dedans paré en ses belles allées, est diuisé en quatre carrez, & au milieu de chacun de ces quatre il y a vn Obelisque fait d'vne piece artificielle, on fait moudre l'ardoise auec le talk Alexandrin, & le gip gommeux, & de ceste composition on faict ces pieces de telle grandeur & grosseur qu'on veut, & auec tels enrichissemens qu'on desire. Les quatre obelisques sont posez orthogonellemēt, & ont à la pointe qui est plantee dans le bouton, vne lame d'or, en laquelle est la figure d'vne des quatres lettres des quatre principaux Alphabets, des quatre plus exquises langues. Ainsi il y a vn Dalet qui est *d*. Hebreu ד. il y a vn Delta pour le Grec, Δ. vn D. Latin, & vn 𝔇. Francois. Chacun des grands obelisques a vne de ces lettres pour banniere, & sont ainſi plantees, l'Orient regarde iuſtement entre deux, ainſi que l'Occident auſſi entre deux autres, & les poincts de Midy & de contre-Midy, lequel eſt au pole antarctique, cecy eſt la vraye diſpoſition du lieu, mais pour ce qu'elle peut tromper ceux qui n'ont pas l'intelligence de la Charte de delà, ie laiſſeray la diſpoſition à noſtre ſorte. Ceux qui paſſeront les Mers pour aller là, eſtans aduertis, ſcauront bien diſcerner pour bien faire. Or donc ſelon noſtre conſtitution, comme ſi ce pays là eſtoit où ſont ces antipodes, il eſt, que le premier obeliſque regarde le Nort Oueſte, & porte ד. L'Obeliſque dreſſé au Nort eſt à Δ. Le troiſieſme qui void le Sudeſt tient le D. & l'autre qui eſt vis à vis du Sudoueſt a le ϑ. chaque lettre eſtant en ſon propre caractere. En outre chacun de ces carrez eſt diuiſé en quatre autres carrez ſecōds, ayant au milieu des quatre vn petit Obeliſque vert portant ſa lettre, à la raiſon des premiers. Et ces ſeconds ſont encores diuiſez en quatre, qui ſont les cellules, & chaque cellule a ſur le haut de ſa Pyramide vne lettre propre en meſme diſpoſition que tous les autres. En ces cellules il y a auſſi le regiſtre des ſecrets & myſteres, à ce que ceux qui auront eu beaucoup de peine ayent du ſalaire de leurs labeurs. Pour eſtre addreſſé, celuy qui ſe preſente reçoit de la concierge vn marreau où il y a trois lettres, le premier caractere repreſente le premier grand carré, auquel il faut aller laiſſant les autres : le ſecond caractere demonſtre le ſecond carré, où il ſe conuient tenir : & le troisiesme est le signal de la cellule, qu'il est necessaire de choisir. Si le curieux a bien rencontré, la concierge le gratifie, & comme Fee luy octroye vn don de plaisir parfaict, qui peut tenir tousiours son esprit en habitude de gayeté specifique, & commodité de cœur infinie. Au contraire, s'il a failly, la gouuernante le renuoye par le chemin opposé, où il trouue son iugement, & selon qu'il est modeste, il est traicté: car s'il est d'vn cœur glorieux & insupportable, faisant l'insolent, on le bannyt du lieu pour iamais, & la Fee le touchant en la main par le moyen d'vn talisman, qui est en vne chelidoine, luy appose vn caractere de desplaisance perpetuelle, que s'il est gracieux elle le console & le faict sortir par le costé, & il va és iardins secrets, sans faire semblant d'auoir rien attenté. A l'entree de ce Palais au dessus de la seconde porte, par laquelle on va en l'eschiquier des secrets, est vn marbre verd, où est escrit en lettres d'or la substance du grand secret. On dict que ce marbre est fort antique, & qu'il fut faict par Heliodore, de la bibliothecque duquel le Roy des Abyssins l'a tiré & enuoyé au Roy de Nabadonce son alié. Ce marbre est posé contre vne parroy à costé droict de la porte tout autour enrichy, deux Sauuages en portent la base: trois Daulphins le supportent par le dessous, & vn porphyre d'or soustient tout: vne corneille emmantelee est au haut tendant le bec vers le tableau, que deux anciens tiennent par le haut. A chaque costé de ce tableau il y a vne figure de personne nuë: Ces deux figures sont tellement & tant

Pierre rouge, tachetee de noir

industrieusement elabourees, que si deux personnes les voyent ensemble & d'vn regard en mesme temps, les regardans auront diuers iugemens, car si l'vne est estimee representer vne belle fille, elle semblera vn beau fils à l'autre, & ainsi reciproquement. Si on les veut esplucher en tiers point, elles paroissent maigres & de mauuaise grace: si c'est en profile, elles seront estimees mediocres: mais de front, on les tient pour belles & en bon point: De l'autre costé est vn grand tableau representant Adam & Eue au Paradis, ce sont deux nuds exactement bien acheuez, parfaicts en aspect, & si delicieusement bien faicts, qu'ils font d'aise entrer les yeux en extase, & rauissent le cœur d'vne enuie modeste à presque admirer cest ouurage. Plus loing est figuree l'issuë du iardin d'Eden, où sont deux demy-nuds descouuerts, deçà & delà, & ce qui se monstre faict si bien qu'il semble verité, il est vray qu'on y void vne difference tres-grande aux premiers: car on void ces pourtraicts, bien que tres-beaux, auoir vn certain estat manque, comme si l'impression de la douleur, apres la cheute auoit diffus par le corps vn ingrat obiet qui demonstroit qu'il estoit suruenu vn notable deffault. Au beau marbre estoit escrit,

Vous tous qui me cherchez pour augmenter la vie de ceux qui ne sont pas en parfaite habitude, ouurez vos yeux, preparez vostre intelligence.

„ Il n'y a pas moyen que vous discouriez de „ moy que vous ne parliez de ceux qui me ve-

„ stẽt, ny d'eux que vous ne disiés de moy: Et „ cependant vous me mesprisez à cause du „ mespris que vous faites de mon abondance. „ Au lieu de moy vous prenez mon vestemẽt „ fatal: Et me laissés honteusement, comme „ vile creature traiter par les mains indignes, „ & les vostres me dedaignẽt. Soyez plus aui- „ sés si vous pouuez. Cognoissez ma grãdeur „ plus ample que celle de ma mere: Ie suis „ plus capable que ce qui me contient, soit „ que l'on m'esleue en haut, ou que ie persiste „ en bas, ie fais effet selõ ma Nature, si de for- „ tune le Roy des agissants ne m'espard, Que „ si on lui presente ma pure substance, & qu'il „ couue doucement mon humeur visqueuse, „ me nourrisse & accomplisse, ma forme de- „ uient viue & viuifiante, sans que plus aucũ „ destructeur puisse sur moy.

Outre cecy il n'y-a rien. :::::::

L'Empereur ayant veu ceste magnifique entree, & sachant les statuts du Palais demanda à la concierge vn marteau: elle le mena en la tourelle du portail, où est le petit pauillon de discretion, & de là lui fit voir tout l'eschiquier lui disant, Sire, auisez quelle cellule vous desirez abuter, car on n'en ouure qu'vne à la fois & celle seulement à laquelle vous ferés rencontre par l'instruction de vostre gaige, parquoy discernez les bien, afin que vous ne tombiez en disgrace. Si vostre memoire peut conuenir auec le billet que vous aurés, vous serés heureux, le billet est la bas, & l'aurez selon le hazard, vne autre fois si vous rencõtrez biẽ, vous aures le billet que vous desirerez: car il faut obeïr auant que sçauoir faire election. Estant descendu, il luy fut presenté par vne main dont le corps estoit caché, en vn cabinet situé au portail, & il le reçoit, & l'ouurant il y trouua des caracteres ד. D. Δ. Les ayant il les confera exactement én sa memoire, & puis entrant galammẽt en cet abysme de sécrets, s'y guida prenant les allees selon la doctrine de la Kabale du lieu: Il s'auança iusques à la croisee: puis estudiant son marreau, il se tourna vers le premier grand carré, au milieu duquel il s'alla addresser pour auiser au reste, estant là, apres auoir visité son marreau, il choisit le troisiesme carré, auquel il alla & de là, suyuant la loy de son gage, il se guida à la seconde cellule; qu'il ouurit aysément, ce qui ne fut pas auenu s'il eut failli, à cela il recognut le succés de son industrie & bonne fortune: Il y entra & là estant, il considera infinis objets notables: Apres qu'il se fut vn petit repeu de ces exquis suiets, il receut le contregage que la Nymfe de la cellule lui bailla, auec l'intelligence de l'Enigme, lequel estoit graué en lettres d'or, & releuees de diamans en la paroy celeste de la cellule, laquelle est la plus exquise, & où sont les plus cheres raretez. L'Empereur reuint donc ayant en main ceste bonne piece:

Ie suis ce que i'estois de fait & d'apparence,
Et si ie ne suis pas ainsi comme i'estois,
Et ie suis tous les deux de fait & de substance,
Ainsi i'existeray, i'existe & i'existois.

Quiconque en voudra sçauoir l'interpretation, qu'il chemine par où l'Empereur a passé, & il trouuera la mesme Nimfe, qui ne fera point de difficulté de le contenter. La Fee concierge, voyant que l'Empereur auoit bien rencontré, & fait en personnage d'exquis iugement, luy donna le brin de l'hisoppe sacré qui denotte sa perfection, & le remit contant au placitre : dont il retourna au palais de la Lune, où il se rassit en son siege, & vn peu apres la Souueraine ayant remis les causes au lendemain, donna congé aux amans, & s'adressant à l'Empereur, luy prononça le resultat du conseil, pris pour luy durant qu'il fut absent, & depuis que le secōd arrest d'Amour auoit esté prononcé: car à cet instant on fit arrester vne cause, & le conseil assemblé, il fut auisé que l'Empereur reuenant auec fruict heureux, de ce qu'il entreprenoit, la Souueraine lui feroit ceste petite douceur.

Sire, vostre merite & vostre valeur vous ont acquis ce qui par honneur vous deuoit estre conferé, si la grandeur eut eut ceans plus de priuilege que la vertu. Or puis que valeureusement & dignement vous auez conquis ce qui vous appartient, vous pouuez acheuant ceste bonne fortune, iouïr absoluëment des priuileges de cét Hermitage, qui vous sont entierement conferez.

La seāce de ce iour estant ainsi terminee, l'Empereur repetant toute sa bonne auanture, eut espoir d'allegement, & cependant il suppose le reste des detresses qu'il souffre, en correction d'auoir indignement traitté, la beauté, & la perfection, par l'iniure qu'il a commise contre la vertu en la personne d'Etherine.

DESSEIN SIXIESME.

Disarchee tenant maison ouuerte, est cause des amours des deux Amãs ouurans ceste seance. L'Ambassadeur de la Chine est receu & satisfait. L'estat des vrais Amans. Celuy qui voyoit croistre les arbres.

ON auoit fait plusieurs triomphes en l'Hermitage, tant pour l'obseruation des sacrez mysteres de l'Anniuersaire, que pour donner plaisir à l'Empereur, qui receuoit telles diuersitez d'occupation d'esprit, si pres les vnes des autres, qu'il n'auoit plus loisir de penser à sa melancholie: Ces beaux diuertissemens abattoyent sa tristesse, & releuoyent son cœur d'espoir, & sur tout voyant qu'il luy succedoit à plaisir, ce qui fut occasion qu'il se resolut, croyant qu'il luy auiendroit vn bien parfait s'il continuoit. Beaux esprits qui espluchez desia les riches thresors, qui sont icy enuelopez, cõme en voiles de soye, ne pensez pas que nous suyuions icy l'ordre parfait de ce qui est requis à l'establissement de nostre ouurage, nous poursuyurons l'auanture declaree. Ceux qui auront le iugemẽt propre à ces particularitez sauront choisir le temps, les endroits & les apparences, selon raison, cependant nous conduirons cét Empereur au vent de ce dessein. Le mardy au matin iour attribué à Mars,

& à la domination de ceste planette du Fer ou Acier: Le Monarque fut habillé de pourpre exquis, & en cét equipage tout accompli, auec la suite & entiere magnificence, fut conduit au second Palais, dont tous les vtensiles estoyent de fin acier rechargé de sa propre essence, les enrichissemens estans de ceste verdeur belle, & brillante qui se forme par la violence vitrifiante du feu, auquel s'affine ce metal. L'Empereur situé, & la Fee aussi, ainsi que la bien-seance de l'ordre l'auoit establi dés hier. Apres la voix du heraut, il entra plusieurs Amans qui vindrent au vaisseau où repose la liqueur Emfrone, laquelle est receuë de la distilation de la lauande d'amour, qui croist en ce païs. C'est ceste liqueur qui fait par la vertu specifique qui y reside, que quiconque viêt icy pour y rendre conte de ses actions apres l'vsage d'icelle, r'entre en mesmes opinions & pêsees, qu'à l'instant mesme de ses amours: car ceux qui l'ont sauouree disent les mesmes paroles qu'ils disoyent en l'estat de leurs passiôs, & suyuant les mesmes actions, soit Nymfe ou Paladin, & mesme auanture les retrouue: les Amans donc, ayans goulté à ceste fidele essence, & coulé en leur estomach ceste eau celeste, s'auancerent, Theofron qui vid Semnose sa maistresse, & elle qui l'apperceut, s'enclinerent au mesme mouuement où l'amour les auoit constituez, lui qui se trouuoit en semblable auis, & elle en mesmes pêsees s'approcherêt de l'Empereur & de la Souueraine, rendâs l'honneur deu à leur grandeur. Apres vne autre Nymfe s'auâça auec vne espinete, qu'elle toucha pour lui faire resonner vn souspir premedité, qui est le mesme que l'Amant auoit assemblé, quãd il sentit là viue pointe d'amour pour les yeux aymez, les chantres y estoyent aussi selon l'ordonnance & cét ær fut chanté à deux chœurs.

Mon esprit releué dessus l'ær de la gloire
Des superbes desseins dont vous estes l'honneur,
N'a point de volõtez que pour vous faire croire
Que vous estes la loy des souhaits de mon cœur.
Les suiets accomplis dont vous serez la cause,
A l'esclat de vos yeux dignement brilleront,
Et ce n'est point en vain que ie me le propose
Car comme vos beautez mes effets paroistront.
Vous serez pour iamais le Soleil de mon ame,
Mõ ame n'aura point d'autre astre que vos yeux
Au vif de vos beautez s'allumera ma flame.
Plus viue que le iour plus claire que les cieux.
Voila que c'est d'auoir vn obiet de merite,
De cognoistre des yeux triomphans en pouuoir,
Mon ame au parauant estoit foible & petite,
Ores elle est par vous magnifique en deuoir.
Vous releuez ainsi par vos beautez ma vie,
Excitant dedans moy ces pointes de grandeur,
La fin tesmoignera qu'vne belle accomplie
M'aura mis dans le sang, la vie, & la valeur.

Apres que ce souspir eut esté dignement recherché deuant l'Empereur, auant que les Amans se leuassent pour plaider, la Nymfe qui sçauoit l'estat de leurs amours, s'auança & proposa ceste petite lumiere au discours futur de ces deux ames d'amour. Sire, les Amãts disent beaucoup de choses cõme ils les pensent à l'instant de leurs extases, mais souuẽt ils descheent & s'en reculẽt grãdemẽt, ce qui se iugera par les amours de ceux cy: Il y a quelques annees que la sage Disarchee, dame cognuë en Amerimnie, s'auisa de tenir maison ouuerte aux vertueux, ce qui luy succede heureusement, car là se range tout ce qui se peut appliquer à la vertu. Ceste façon de viure attira ce gentilhomme curieux, lequel suiuãt quelques desseins celebres, passoit outre, mais à cause du nõ de ceste Dame, il se retint pour la voir, & lui rendre de l'hõneur, la Dame le receut suiuãt les coustumes de son abondante courtoisie: Entre plusieurs dames & damoiselles qui hantoyent là s'y trouua pour lors ceste belle Semnose dont la renommee auoit souuent esmeu le cœur de Theofron, & lui qui n'auoit pas pris garde à ce qui se pouuoit presenter, ne sçauoit pas si ceste belle tant renommee fut là, bien que voyant ceste-cy, il la remarqua tres-accomplie: Ainsi que ce gentilhõme deuisoit auec Disarchee, vn page veint qui parla à Semnose en l'oreille, adonc la Dame dit la voyant se leuer. Ma belle Semnose seras-tu long temps sans reuenir? Non, dit-elle, ma parfaite, ie reuiens incontinent. Theofron l'oyant nommer tourna soudain ses yeux vers ce Soleil, puis s'excusa à la Dame, de ce qu'il n'auoit pas fait son deuoir vers ceste Belle qu'il desiroit tant rencontrer. Il prolongeoit son excuse que la Belle retourna, & que par la permissiõ de Disarchee il acosta. Or ça belles ames, paroissez en vostre naiueté deuant l'Empereur. THEOFRON. Belle, dont l'honneur surpasse le renom de vos perfections, Ie vous fais vne requeste que ie vous supplie ne trouuer estrange, veu que c'est la premiere fois que ie vous ay veuë, & que i'ay parlé à vous. SEMNOSE. Que desirez vous de moy? THEOF. Que vous me disiez en braue cœur qui est vostre seruiteur. SEMN. Pensez vous que ie n'aye qu'vn seruiteur? THEOF. Ie croy que vous en auez infinis, mais ie vous estime tant galande que vous n'en auez qu'vn accepté, c'est de cestuy-là dont i'entens sçauoir. SEMNOSE. C'est vous si vous auez l'asseurance de l'estre. THEOFR. I'en auray assez, pourueu que vous m'estimiés de merite pour vne si belle auanture. Et bien que vous me rendiés confus de premier abord, si est-ce que i'ay le courage de vous seruir. SEMNOSE. Si vo⁹ auiés vne maistresse, la voudriez vous laisser pour mon sujet? THEOF. Si i'estois engagé, vous auez vsé de telle vehemence que ce ne seroit pas moy qui laisseroit ceste maistresse, mais vous qui m'osteriés à elle: Aussi vos propos & vostre puissance absolue me rendẽt tout à vous, & me destournent de tout autre objet: Parquoy il faut que vous m'acceptiés, vos discours sont arrests, il n'y a plus moyen de s'en retracter, & pource ie vous tiendray des auiourd'hui pour mon vnique maistresse. LA NYMFE. Sire, nous estions presentes à ces discours, qui nous estoyent agreables, veu leur nouueauté, & la prompte rencontre de ces deux, qui de premier abord s'vnirent de respect & de volontez, principalement Theofron qui forma si viuement cét amour en son cœur, qu'il en deuint tout d'affection. Ie sçay, Sire, que la musique est vne de vos delices, & pource ie vous donneray le plaisir auec ces chantres d'vne des extases de cét amant.

Vos beautez m'ont conquis de puissance absolue,
Me venant destourner de toute autre beauté,
A peine vous auois-ie encores apperceue,
Que vous vintes saisir toute ma liberté.
Tenez voyla mon cœur possedez le ma Belle,
Disposez-en, maistresse, ainsi que vous voudrez;
Je sçay bien que tousiours il vous sera fidele,
Car il demeurera tel que vous le rendrez.
Bien que vous en iugiés vostre gloire petite,
Si vous me comparez à vos perfections:
Toutesfois vous direz que ie suis de merite,
Si vous faites estat de mes affections.
Releuez mon esprit pour le rendre admirable,
Formez-y des desseins tout grãds & tout parfais
Ainsi que vous serez ma cause fauorable
Aussi ie vous feray l'honneur de beaux effaits.
Si vous en desirez vn iuste tesmoignage,
Ne l'allez recherchant que dedans vostre cœur;
C'est de vous que i'ay eu ce que i'ay de courage
Car vous m'auez choisi pour vostre seruiteur.

SEMNOSE. Ceste Nymfe a raison, car voila Theofron, les mesmes souspirs par lesquels vous fistes profession de me rendre tesmoignage de vostre desir, mais vous ne durastes gueres en l'estat de si beau deuoir: car sans me dire adieu vous passastes où d'autres souhaits vous trãsportoyẽt, & m'ayãt fait ceste belle protestation, vous vous estes eslongné de moy sans cause. THEOFRON. Belle vous auez occasion de m'accuser, pource que ie deuois tout oublier fors l'apparence & la verité du seruice que ie vous doy: Ie me cõdamne moymesme, & suis prest de receuoir telle punition qu'il vous plaira de la faute que i'ay faite;

de n'auoir pas esté receuoir vos commandemens auant que partir : I'espere toutesfois que vous me serés fauorable, & croyrés que i'ay tant de fideles conceptions pour vostre sujet, qu'ay sémēt vostre ame se persuadera, que ie suis reduit à tel deuoir d'obeissance, que les effets en ferōt preuue, & que vous pardōnerez à mon esprit confus, qui ne peut encor' supporter l'esclat de l'auanture si parfaite que i'ay rencontree, vous voyant si accomplie, & tant propice à mes humilitez. Le temps vous manifestera la verité, & la verité apparente vous sera tesmoin manifeste de mes fideles protestations, vous iugerez assez par ces premieres atteintes de l'estat de mon ame, laquelle peu à peu se recognoistra, & alors estant dignement conduite par vos belles lumieres, vous verrés des effets magnifiques de la valeur que vous excitez en l'esprit, qui ne souspire autre felicité que de vous seruir. SEMNOSE. Il est aisé de pardōner aux innocens, & à ceux qui ont le cœur fidele, & puis si ce que vous protestez est vray, ie n'auray point d'occasion de me mescontenter. THEOF. I'en pren ceste belle main en tesmoignage, & la baise de tout mon cœur. SEMNOSE. Vous vous auantagez beaucoup, & passez outre ceste grande humilité que vous auanciés pour loy. THEOFRON. M'accusez vous desia de presomption, mescognoissez vous mon humilité en luy faisant tort ? SEMNOSE. Ie veux bien que vous pēsiés que i'estime ceste façon estre presomptiō. THEOF. S'il est ainsi, ie presente mon cœur à l'Amour, qui iugera bien tost, que vos perfections m'ayant reduit au seruice voué, si ie suis presomptueux que c'est auec raison, & que la grandeur que vous auez excitee en mon courage, est cause que sans considerer mon deffaut de merite, ie tante vne si auantageuse fortune, que d'oser par hommage vous baiser la main. Mais en ce beaux discours, ie suis contraint de changer de propos, Ce n'est point moy qui ay eu l'asseurance de vous rechercher, c'est vous qui me rauissant à moymesme, par vne violence extraordinaire, m'auez commandé d'estre vostre. Si donc ie cõmets erreur, & si possible ma presomption vous importune en vous honorant, il ne faut point m'imputer de vice, ains me dire sectateur de parfaite obeissance: Or cõme il vous plaira estimez-en; Si est-ce que mon plus excellẽt heur, est d'estre à vous, car vous estes l'vnique but de mes esperances. LA NYMFE. Sire, tandis qu'ils conferoyent ainsi du secret de leur cœur. Disarchee s'aprochãt leur dit, quels sont les beaux discours dont vous vous entretenez, quel en est le sujet? THEOFRON. Tresbeau, Madame, car nous discourõs de vos merites, & du seruice que ie vous doy, pour l'honneur que i'ay par vostre moyen d'estre à ma belle Semnose. A la verité ie serois trop ingrat, si ie ne cherchois les occasions de vous tesmoigner, que ie suis tant vostre obligé, qu'il faut que ie confesse que ie ne pourray iamais venir à l'effet de recognoistre dignement ce que ie vous doy. Et ie ne penserois pas viure si ie ne vous sollicitois de desirer de moy ce que vous iugerez, que ie pourray pour vostre seruice, afin que ie vous monstre, que ie n'ay point l'ame meslee d'humeur ingrate, ains que i'ay vn fidele

& constant desir de vous seruir comme ie le tascheray toute ma vie. LA NYMFE. Qui diroit que les puissances de ceans sont manques, seroit trompé, car en voicy vn effet formel, d'autant qu'il a repeté les mesmes paroles que nous oyons, quand il les proferoit en l'ardeur de son zele. Ainsi que ceste Nymfe parloit, les deux Amans estants debout en la presence de l'Empereur, pour acheuer leur cause, voicy douze Heraux qui entrerent, & faisans signe de silence s'humilierent deuant l'Empereur, & se rengeans deça & delà, firent entrer vn Prince estranger de grande & belle stature, suyui de vingt & quatre cheualiers bien equipez, & de plusieurs autres qui demeurerent dehors par honneur. Ce personnage ayant salué l'Empereur, dit, Sire, vostre seruiteur icy present, Prince de Vathisoz vous est enuoyé du Roy de la Chine. Ie supplie vostre Majesté, que i'aye congé de parler. L'EMPEREVR. Tout est permis ceans, pourueu que la raison & la vertu, soyent le terme des actions & des paroles. LE PRINCE. Sire, mon Roy vous prie de luy faire scauoir, quelle est la fin de tout ce que vous pretendez, par ces belles rencontres & magnificences: Et pource qu'il est grand & puissant, comme vous scauez, & outre, est extremement curieux, il desire entendre quelle est l'esperance de ceux qui se peinent à ces auantures, afin que le sachant, il continue à vous estimer & loüer, & aît occasion de faire taire les Sages de son païs, qui luy persuadent que ce sont vanitez. L'EMPEREVR. Ie pense que vostre maistre vous a addressé au

Roy mon frere, qui est autheur de tout cecy: car de moy i'en suis simple spectateur. Voicy son fils aysné qui vous satisfera. Là doncques, Caualiree, ie vous prie de contenter ce Prince, & comme vray interprete de la volonté du Roy, & de la Souueraine, declarez luy ce que son cœur desire. CAVALIREE. Par le commandement de l'Empereur, ie vous auise braue Prince, que nostre but & de tous ceux qui vienent icy, est l'espoir que nous auons tous, qu'en fin apres plusieurs desseins & recherches, nous serons dressez à la cognoissance de la Sainte Galanctisee, pour iouïr en fin de la bien-heureuse Xyrile. LE CHYNOIS. Tant y ont failly, & qu'esperez vous? CAVALIREE. Suyure la vraye intelligence d'Amour qui nous y conduira parfaitement. LE CHINOIS. L'Amour vulgaire ne vous y conduira pas, & les passions volages ne vous y meneront point. CAVALIREE. Aussi les Amours vulgaires sont icy examinees, & nous les nottons exactement, afin que par comparaison nous rencontrions le fidele & non commun, lequel soit saint & existant en belles veritez, non pressé d'opinions, ains accompaigné de subsistences vrayes, conduisant à l'heur parfait, à ce que le suyuant, nous venions au terme desiré. LE CHINOIS. Mon Roy vous fait sçauoir, que si vous venez à bout de cét excellent dessein, & que de courtoisie vous luy en faciés part, il vous monstrera l'egal, & ainsi le commerce, l'amitié, & les bonnes aliances seront communes entre nous, s'il vous est agreable. A Dieu, Sire, & à vous tous courages Curieux, mes affaires, & le commandement superieur me tirent autre part. Cet estranger estant sorty, Theofron continua à parler à Semnose, & s'excusoit de ce qu'il auoit esté long tẽps sans la voir, Ie m'accuse de paresse & non de souuenãce, de deffaut de deuoir, & nõ d'amitié, aussi i'espere pardõ. Que feroit vn esprit qui ne peut s'esmouuoir que pour l'admiratiõ de son sujet: Que pourroit executer vne ame qui est toute en la contẽplation de la saincte Idee de ses desirs? Ie suis tant arresté, à ce que ie cõçoy pour vous manifester mõ affectiõ, que l'abisme des diuersitez qui m'y surprenent m'engloutit, & ne puis me reduire à ce qui paroist aux autres estre tres-facile: Il faut que ie confesse ma honte, i'ay fait du braue, & toutesfois ie n'ay pas l'asseurance de vous voir, i'ay crainte de vous aborder. On m'opposera à ce deffaut, Qui a-il de plus aysé, que de s'adresser à vne belle aymee qui le permet, & de deduire en paroles doucement exprimees l'estat des vœux que l'on luy offre? Ie sçay cela, & pourtant la difficulté ne m'en estoit pas moindre, que i'en pensois le hazard auantureux, d'autant qu'il y a vne certaine puissance qui retient quelques esprits: Et de fait, ie m'en rapporte aux experimentez, à ceste heure que le courage m'est venu; Qui est le fidele se pouuant au commencement dilater si bien sur les beaux deuis, qui ait l'industrie de depeindre au vray ses passions pour les raconter à sa maistresse, & l'en entretenir? Ceux qui commencent à aymer passionnément, & qui ont l'ame touchee d'vn zele parfait, sont retenus par la vehemence de leur ardeur, tellement qu'ils ne peuuent dire leurs penſees, & n'oſent aborder leurs objets, auſquels ils portent vne certaine reuerence qui ne ſe peut exprimer, les effets en paroiſſent, & l'obſeruation ordinaire en eſt cognuë, & c'eſt ce qui me faiſoit auoir peur de vous eſtre importun, m'eſtant auis que ſi plus ſouuent ie me fuſſe approché de vous, i'euſſe encouru ce blaſme, tant ie vous reuere, & tant ceſte fade honte me troubloit : Mais à ceſte heure, que voſtre belle grace m'a rendu plus capable d'honneur, ie m'auanceray, & ſachant qu'il vous eſt agreable, ie tenteray cy apres la fortune, & me monſtreray plus galand, ie m'exciteray brauement à vous manifeſter mes pretentions pour vous ſeruir, & ſi vous en faites eſtat, ie ſeray paruenu à l'entiere felicité des bien-heureux, & en ceſte belle pointe tout de cœur, ie vous iure que preſent ou abſent, toutes mes occupations ſont arreſtees à voſtre ſeruice. SEMNOSE. Ie reçoy trop de gloire en mon ame, de l'honneur que vous me faites, & iamais ie n'accuſeray d'aucun vice ou deffaut voſtre beau merite : Ie vous prie de croire que ie reſſens vn extreme contentement de voſtre bonne volonté, & vn ſouuerain plaiſir d'en eſtre aſſeuree, & vous prie de continuer, & encore plus, ores que ie croy que ſi i'ay quelque perfection, c'eſt vous qui me l'auez perſuadee, auſſi ie vous en rendray l'hommage par quelque bon ſeruice. THEOFRON. Puis que voſtre bonne volonté ſ'eſtend ſur moy, ie m'eſtime eſtre auancé au deſſus de ceux qui iouïſſent de l'entiere felicité : Mais repeuſant à moy, ie m'apperçoy eſtre ſi peu qu'il n'eſt pas poſſible que voſtre belle penſee ſ'auiſe que ie ſois voſtre ſeruiteur: eſtant trop diſgracié de fortune, toutesfois ie laiſſeray faire au temps qui deſcouurira ma perſeuerance, laquelle me ſera tout ce qui eſt neceſſaire à conquerir vne Dame de merite, & me fortifiant de ceſte bonne opinion, ie vous feray voir que vous n'auez point de ſeruiteur plus humble ou plus fidele que moy. SEMNOSE. Ie ne manqueray iamais d'affection pour vous, auſſi ay-ie vn parfait deſir d'eſtre continuee en voſtre amitié, vous me l'auez promis, & ie croy que rien ne me rauira ce bien: Ie vous coniure de perſeuerer, car ie vous ſuis fidelement aquiſe. LA NYMFE. A mon grand regret, & au preiudice des Dames, il faut que i'accuſe ceſte Belle, vous auez veu, Sire, comme elle a parlé d'affection, & toutesfois ce deſir eſchappe: Si nous auions la veuë auſſi viue que l'auoit Mexifurrece orfelin de Quimalee, qui voyoit croiſtre les arbres, & groſſir le fruict, nous verrions l'amour de ceſte Belle qui ſ'enuole, & change pour vn autre ſuiet qui la rendra miſerable: Voyez ceſte inconſtante & la conſiderez encores vn peu, car à ce propos que luy va tenir Theofron elle aura vn petit reſte d'amitié pour luy, qui finira auſſi ſoudain. THEOFRON. Belle Semnoſe l'eſperance qui porte mon eſprit, & le nourrit de l'ær de vos faueurs auec l'aſſeurance que i'ay de vous eſtre agreable, me ſont deux ſi fermes liens, que rien ne vous ſeparera de mon ame, & n'en effacera la presence que i'ay de vos perfections. Ie ſcay bien ceque ma fidelité me perſuade, c'eſt que comme vous eſtes l'vnique but de mes bons deſirs, auſſi vous faites eſtat de ma perſeuerance. Quand il vous plaira vous aurez la preuue de l'approbation de mon cœur : Ce que ie vous ay iuré, eſt ſtable: car mon ame eſt tant reſpectueuſe, qu'elle n'oſeroit ſe deſguiſer deuant vos yeux, parquoy ie perſiſteray conſtamment. Et puis la grace que vous me faictes de me permettre ce bien, m'oblige tellement à mon deuoir, que ie tiens à parfaite commodité de cœur, de vous ſeruir & honorer. SEMNOSE. C'eſt mon contentement extreſme que le voſtre, & ne veux viure agreablement que croyant l'honneur que vous me faites, qui m'eſt auſſi gracieux que ma vie, qui n'a lieſſe qu'en penſant à la douce conqueſte que i'ay faict de voſtre courage. LA NYMFE. Qui penſeroit que ces deux beaux diſcours recherchez dans les delicates amorces d'amour fuſſent auſſi legers que le vent? qui eſtimeroit qu'il n'y euſt en ceſte fermeté tant bien exageree, non plus de fixe qu'en vne tenuë glace qui fond ſous le moindre faix qui s'y poſe? Voilà l'eſprit de ceſte belle tout changé, vn eſclair d'autre amour l'a violentement enuahie, l'oubly tout d'vn ſaut efface ſes contentemẽs premeditez en ce premier amour, elle ſe deſtourne de Theofron qu'elle meſcontẽte indiſcretement, auſſi elle n'a plus de reſpect qu'à ſon nouuel amant. Conſiderez ceſtuy-cy qui tout humble recherche ce qui tantoſt le recherchoit : voyez comme tout d'vn coup elle mesprise & deiette celuy qu'elle cherissoit, il la prie de lavoir, elle l'en recule, Ie les laisseray dire. THEOFRON. Le respect que ie rẽds à ce que i'honore, fait que ie ne veux prendre le temps de vo⁹ visiter qu'aux heures qu'il vous plaira me gratifier de ce bon-heur, & que vous serez esloignee de toute autre occupation. SEMNOSE. Le temps qui maintenant se pare de ses beautez, l'hyuer estant passé, est cause que difficilement on me rencontre, & mes affaires suruenantes me tiennent distraite, si que ie ne puis auoir la commodité de vous veoir: parquoy ie vous prie ne vous incommoder pour mon suiet, car ce vous seroit vne peine inutile. THEOFRON. La façon dont vous m'esconduisez est cruelle & indecente: elle monstre l'alteration de vostre cœur. Il paroist que vous auez changé de volonté, ou que vous auez l'esprit esgaré, & en quelque sorte que ce soit vous faites tort à mon humilité, & outragez mon deuoir d'en vser ainsi. SEMNOSE. Ne sçauez-vous pas que les saisons apportent des occasions differentes, ou contraires à celles des autres temps, vous demandez mon loisir, & ie n'en ay point, la courtoisie vous oblige de me croire, ou de penser ce qu'il vo⁹ plaira. THEOFR. Il n'y a rien qui penetre tant que telles rigueurs determinees, à ces gestes & propos ie cognoy facilement qu'il n'y a plus en vous d'amour pour moy. Or comme il n'y a personne tant humble à requerir que ie suis, aussi n'y a-il point d'esprit si glorieux que le mien à mespriser le dédain. LA NYMPHE. En ce dépit ils se departirent, & l'amant dit à sa Maistresse cest adieu pour iamais.

Ie ne fais plus d'estat de vos perfections,
Puis que vous me trõpez quãd ie suis plus fidele;
Il se rencontre assez d'obiects d'affections,
Sans vous qui n'estes plus ma desirable belle.
Adieu: i'esteins ces feux que i'auois allumez
Au bel air des douceurs d'une feinte apparence;
Ie n'ay plus de desirs, ie les ay consommez,
Puis qu'ainsi vous auez fraudé mon esperance.
Voyons qui de nous deux premierement aura
Les picquans desplaisirs de ceste departie,
Et quand le souuenir le cœur en saisira,
Condamnons le suiet dont la cause est sortie.
Que ie ramenteurois icy de beaux discours,
Si ie sentois pour vous quelque reste de flame,
Tout ainsi que pour moy vo⁹ n'auez pl⁹ d'amours,
Pour vous ie ne sens plus de pointes en mon ame.
Soit en fin ce discours comme vn ar mespris é,
Cest adieu soit ainsi qu'vne douce disgrace,
Vrayment ie ne suis point en l'ame desguisé,
Comme vous m'oubliez mon amitié se passe.

Les parties ayans fait la reuerence, Xyuoye Procureur general d'Amour se leua & protesta, Sire, vous auez ouy & cogneu les intentions de ces amans qui ont esté fermes & puis legers: parquoy ie requiers pour l'Amour, que les parties soient enuoyees à la Fee de disgrace, & que leur nom au moins de Semnose soit pour iamais effacé du registre des Amans. L'Empereur prit les voix, ayant ouy le conseil, & prononça cest Arrest.

L'inconsideration de vos deux fantaisies vous ayant fait paroistre trop prompts & inconstans, est cause que vous estes renuoyez, afin que vous appre-

niez la sagesse d'Amour. Semnose vous irez iusques au regret apres vostre secõde perte. Theofron, pour punition de vostre temerité, vous consolerez ceste belle, si vous la retrouuez à propos, cependant vostre dommage & son ennuy dureront tant que vous ayez les cœurs libres ou contents.

DESSEIN SEPTIESME.

Les enigmes que l'Empereur apporta du Palais des secrets. L'Empereur demande encor la raison de l'ordre, & il en est esclaircy.

CEluy qui vne fois a eu l'entree du grand Palais, & en est sorti à son honneur, y a libre entree tousiours, principalement si c'est quelqu'vn de merite, & pour ce l'Empereur y a sa libre entree. Ce que pensant & n'ayant rien veu entre les amantes qui fut de l'ær de son Etherine, il se leua du siege pour s'aller resiouyr, & puis il se souuient de ce qu'il a veu chez Mineruε, Sans liberté nul plaisir: parquoy laissant faire à la Souueraine, il s'alla proumener, & demanda d'aller au grand Palais, auquel estant, il vid à gré tout ce qu'il y a de beau & d'exquis, & pour son plaisir particulier il mit sur ses tablettes vne Enigme qu'il tira luy-mesmes de chaque cellule. Pour vous faire plaisir nous vous exposons librement en veuë les mesmes qu'il a choisi, cõme la Fee nous l'a declaré, esiouyssez-vous en auec nous, iusques à ce que le reste soit commun, & que nous vous en ferons part, lors que nous en aurons permission, & que nostre volonté s'enclinera à estaller les secrets aux yeux des mortels, & pource que la Belle de mon cœur est celle qui cause ces discours figurez, c'est à elle principalement à qui ie les presente, comme vn vœu qui luy est deu : Il conuient que ie luy remette en memoire les mesmes accens que i'ordonné pour elle, quand ie luy fis voir premierement ces enigmes, & puis le temps & l'occasion nous induisent à ceste ressouuenance. Belle, aduisez vous en doncques, & pour me gratifier iettez les douceurs de vos yeux sur cest'œt, & vous ressouuenant de ma fidelité, rememorez-vous que vous auez en moy vn fidele seruiteur : Ce que ie vous presente encor ces propos enueloppez, n'est que pour vous esbattre à les faire interpreter aux autres, car vous les sçauez, & pource ie vous dis,

Ma Belle ie vous pri ne tourmenter vostre ame
Aux resolutions de ces difficultez,
Plustost considerez les ardeurs de la flame,
Que dãs mon cœur fidele ont causé vos beautez.
Vous n'y cognoistrez point de destours d'artifice,
Mais vn feu par vos yeux viuement attisé,
Mon cœur qui n'a desir que vous faire seruice,
N'oseroit deuant vous paroistre desguisé,
Vous y discernerez tous effaits de constance,
Tous desseins de deuoir, toute fidelité,
Et si vous en voulez plus grande cognoissance,
Ordonnez vn dessein de voir la verité.
Puis que vous entendez ce qu'vne autre apparence
Cache pour exercer les esprits curieux,

Vous verrez encor mieux par ma perseuerance,
Ma passion naifue escrite dans mes yeux.
Voyez doncques mes yeux, pour voir mõ cœur fidele,
Vous qui auez voulu vous obliger ma foy,
Et ie vous pri iugez que iamais autre belle
Que vous, n'establira sa puissance sur moy.

Et puis quand vous aurez cogneu la simplicité de mon courage, & l'innocence de mon amour, espluchez ces diuersitez pour vostre plaisir, afin que vous ayez du contentement de ce que vous auez causé pour contenter les beaux esprits.

Les Enigmes qui sont és cellules du Palais des Secrets, auec l'ordre & les caracteres de chaque cellule: suiuant quoy l'on pourra trouuer l'interpretation au plan du grand Palais par les ordonnances deduites au Palais de la Lune.

S. D. S.

Je suis d'vne eau subtile vne pouldre legere,
Apres auoir monté ie tombe lentement,
Et par douce chaleur dissoute en humeur claire,
Je penetre par tout le solide Element.

D. D. D.

Auec beaucoup de fraix le monde le fait faire,
Pour ayder au support de vie, & de santé,
Et encor que chacun viuant en ait affaire,
On ne l'achete pas le quart qu'il a cousté.

ꝛ. Δ. D.

Frere de mon subiet, i'existe sans substance,
Et si sommes conioincts d'vn eternel lien,
Pourtant ie ne suis point, toutesfois mon essence
Est telle que n'estant, il n'y auroit plus rien.

Le Plan du Palais des Secrets

~~49~~	2.	7.e	9.e
7 le miroir	Δ Le vinaigre	7 La bierre ou cervoise	Δ Le salpetre

7 Δ

47	24	5.e	8
℘ L'or	D Le gibet	℘ L'orloge	D L'ombre

7

~~2~~e 10	44	23	13
7 Le soleil	Δ Le balay	7 la clef	Δ Jésuchrist et [illegible]

℘ D

8	37	~~52~~	32
℘ Le bout	D L'ancre du navire	℘ La chaux	D La lanterne et la chandelle

50	22	27	19	15	48	31	53
7 …chesne …bateau	Δ Le mortier et la cloche	7 Le vent, le sel, la civière à bras	Δ La plume	7 Le balon	Δ Le fil de chanvre	7 La chandelle	Δ Le dormir

7 4 Δ | 7 10e Δ

6		55	25	60	10e	39	18
♃ …u fort	D L'eau, le mai et les jouer	♃ L'eau de vie	D Le faiseur de sel jouant aux dés	♃ Le verre	D la monnoye	♃ l'Enigme	D Les Meules de moulin

Δ | D

1	36	58	34	41	45	29	61
7 …u et la …lace	Δ Le fourmy	7 Le caillou	Δ l'Eguille	7 Le bled, la farine	Δ Le Mulet	7 La Scie	Δ la Tuile

♃ D | ♃ D

42	30	62	43		26	63	11e
♃ …ouflet	D Le jambon	♃ Le métal	D L'ECHO	♃ Le cotton curculio	D la vitture	♃ La mort	D la cidre

vel cossus. i. vel cottis

ver qui gaste le bled, ou qui gaste le bois

~~curculio …~~

11	16	14	
7 Le FEV	Δ Le Marteau et l'enclume	7 l'eau du ciel	Δ l'eau du puis

7 Δ

33	35	46	38
℘ Le papier	D le Phenix	℘ la fumée	D La chauve souris

℘

40	51	17	28
7 Le poil	Δ le nid au gant	7 L'estoeuf balle molle	Δ L'Esponge

℘ D

54	52	1	56
℘ La filosofie	D une femme grosse de 2 enfans	℘ La Noye	D la parole

cecy est de l'Entreprise 3.e Dessein

ד. D.

Vn pere a douze fils qui luy naissent sans femme,
Ces douze aussi sans femme engẽdrẽt des enfans,
4 Quãd vn meurt l'autre naist, & toꝰ viuẽt sãs ame,
Noires les filles sont, & les masles sont blancs.

ד. Δ. $.

Vn corps qui n'a point d'ame a vne ame mouuante,
N'ayant point de raison il rend raison des Tẽps,
5 Bien qu'il n'ayt pas de vie, vne vie agissante,
Sans vie, le fait viure, en marchant sur ses dẽts.

Δ. ד. $.

On tire vne liqueur d'vne substance espoisse,
Qui paroissant humeur est vn feu vehement:
6 Si dans ce feu coulant les prix de tout on laisse,
Il les fait imiter le liquide element.

ד. Δ. ד.

Le marchand n'en veut point encor qu'il le cõmãde,
Cestuy-là qui le fait ne le veut pas aussi,
7 Des passans le voyans aucun ne le marchande,
Et celuy pour qui c'est n'en a point de soucy.

ד. D. Δ

Ie suis ce que i'estois de faict & d'apparence,
Et si ie ne suis pas, ainsi comme i'estois,
8 Et ie suis tout les deux, de propre & de substãce,
Ainsi i'existeray, i'existe, & i'existois.

ד. Δ. Δ.

Il est vn feu subtil extraict de l'eau coulante,
Cachant sa viue ardeur dedãs ses froids glaçõs,
9 Son froid est apparent, sa chaleur euidente,
Quand il imite en l'aër du tonnerre les sons.

D. ד. D.

Quelques fleurs sõt qui n'õt d'aucune fleur sẽblãce:
Ces fleurs portẽt le nõ des Roys & des Seigneurs:
Ce sont fleurs sãs pouuoir qui ont toute puissãce;
Car par elles on a grandeur, faueurs, honneurs.

§. Δ. §.

Voulant aller au ciel, si ie suis empeschee,
Les yeux des assistans en larmes couleront,
S'ils pleurẽt sãs regret ie n'en suis point faschée;
Car quand i'irai aux cieux leurs larmes cesserõt:

§. ה. ה.

I'augmente en defaillant aux despens de ma mere;
Que ie deuore, afin de mourir par sa mort,
Puis ma fille souuent tient ma vie si chere,
Qu'en son ventre me met pour me rẽdre plus fort:

D. Δ. Δ.

Il finit les labeurs & sa grace subtile,
S'auançant coyement cause ioye & trauaux;
Ce qu'on sçait impossible il fait estre facile,
Et ses faits differens ne sont rien que repos,

§. Δ. ה.

Il est un pont du ciel porté sur les nuees,
Du deluge bridant les superbes fureurs,
Il est dessus les eaux, & des eaux terminees,
Il s'emplit les muant en diuerses couleurs.

D. ה. ה.

Si ie ne suis soulé, ie parois triste & maigre,
Mesmes à mes amis ie deuiens ennuyeux,
Mais quand ie suis bien saoul, tout gaillard & allegre,
Et tout remply d'esprit, ie n'aspire qu'aux cieux.

§. ה. Δ.

&. 7. Δ.

Bien que ie sois petit, i'ay vne seur geante,
Qui me rēd de grãds coups qu'ẽcores ie luy rends;
Nous faisons ceste guerre entre nous bien seante,
Car c'est pour la beauté de nos propre parens.

&. D. 7.

I'ay la peau raze & blanche, & ie suis chauue teste
Ayant le poil dedans qu'estant saine on ne voit,
Chacun le iuge bien, car lors que i'estois beste
A lentour de ma peau le poil on me voyoit.

Δ. 7. 7.

Le viuant de moy vif sa nourriture amasse,
Ie reçoy les viuans haut & bas se suyuans,
Ors que ie suis tué, sur les viuans ie passe,
Et ie porte les vifs par dessus les viuans,

Δ. Δ. Δ.

Ie n'ay sang, os, ny chair, nerfs, muscles ny arteres,
Bien que i'en soy produit & n'en tiẽs rien du tout,
Propre à bien & à mal, ie fais effects contraires,
Sans voix parlant apres qu'on m'a trãché le bout.

7. &. 7.

Non masle, non femelle, ains tout œil en substance,
Sans cesser il produit des enfans differens,
De la mort de ses fils, ses filles ont naissance,
Et d'icelles mourans, d'autres fils sont naissans.

Δ. &. 7.

Selon mon naturel, ie m'escoule legere,
Mais par fois mon voisin m'estraint de ses liens,
Adonques on me void la mere de ma mere,
Et puis fille à ma fille en apres ie deuiens.

Δ. ח. Δ.

Ma sœur est comme moy de grand bouche fournie,
Elle l'a contre bas & moy deuers les cieux,
I'ayde aux conseruateurs d'appetit & de vie
Et ma sœur faict seruice aux cœurs deuotieux.

ד. D. ח.

D'vne estoffe solide à point on me faict faire,
Pour seruir aux endroits où loge le soucy,
Mon maistre me cognoist luy estre necessaire,
Car ie luy garde tout, il me tient chere aussi.

ד. ד. D.

Celuy qui le faict faire en deteste l'ouurage,
Cestuy la qui le faict ne voudroit l'employer
Et celuy pour qui c'est, maudit de bon courage
Celuy qui le commande, & l'ouurage & l'ouurier.

Δ. Δ. D.

Tandis que l'on sechoit de la mer les ondees,
Ie voyois les ouuriers qui trompoient leur repos
Et attendans le sec de leurs vagues ridees,
Faisoient cheoir de leur chair sans l'offencer, les os.

D. ⚘. D.

Le feu qui rauit tout est cause que gourmande
Ie tire à moy la chair pour m'en remplir le flanc.
Puis mon esprit esteint on m'oste la viande,
Pour par luy mesme apres m'en redonner le sang.

Δ. Δ. ד.

En nos maisons des champs du seruice l'on tire
D'vn prudent, & d'vn fol aussi d'vn glorieux,
L'vn reserue le bon, l'autre garde le pire.
Et le tiers ne faict riens s'il n'est porté par deux.

S. D. Δ.

Ie suis plante animal viuante & non viuante,
Ayant le ventre faict en cauerneux destours,
On a peine à r'auoir l'humeur qu'on me presente
Car saoule ou non ie suis preste à boire tousiours.

D. D. ꝛ.

Ie n'ay qu'vn minse corps garny de dents aigües,
Dont l'ouurier faict grād cas, quand il en voit l'effect
Separant l'vnion quand mes dents sont esmeuës,
Ie laisse aller au vent le profict que i'ay faict.

Δ. S. Δ.

Nous sommes quatre enfans freres de nostre pere,
Dont le meilleur tient mieux, du feu & de la mer,
Tandis qu'en nous vsant chacun se desaltere,
On nous fait des banquets les ames animer.

D. Δ. ꝛ.

Elle a le poil dedans & dehors est sa graisse,
Et si peut elle ainsi au iour faill y preueoir,
Mesmes en pleine nuict les autres elle addresse,
Faisant voir à plusieurs ce qu'elle ne peut voir.

ꝛ. D. D.

Bien que le iour s'en aille au loin de ma contree,
Si en ay-ie vn esclat reserué dans mon corps
On le voit au poly de ma corne vitree,
Qui ce que i'ay dedans, manifeste dehors.

S. ꝛ. S.

Par diuers artifice on tire de ma plante
Le blanc que vous mettez dames pres de vos cœurs,
Puis on me met pourrir dedans vne eau collante,
Pour faire la blancheur qu'on seme de couleurs.

D. Δ. D.

L'vne coye tousiours, l'autre mouuant legere,
Et en vn mesme lieu, font vn mesme labeur,
Ceste là qui ne bouge est bonne menagere,
Celle qui va tousiours l'est autant que sa sœur.

S. 7. D.

Il me conuient mourir à celle fin de viure,
Car ma mort m'est de vie vn doux commencemẽt
Chacun dit bien ma vie & ma mort s'entresuiure
Mais tous sans me cognoistre en parlẽt seuremẽt

Δ. S. Δ.

Ie suis vn animal priué d'intelligence,
Ne sachant que l'estat que Nature m'apprit,
Celuy qui a cognu toute la sapience,
De moy a prononcé, petit corps grand esprit,

7. S. D.

Ie porte deux grands dents, cõme double asseuranc
Par lesquelles aux vents i'oppose mon pouuoir.
Et ie combats aussi du goufre la puissance,
Dans la terre mordant quand ie fay mon deuoir

S. Δ. D.

On cognoist vn oiseau qui n'a point de plumage,
Qui donne à ses petits de son teton le laict,
Il se perche à rebours, il n'a point de ramage,
Nul ne voit dont il vit, & ne sçait ce qu'il faict

D. Δ. S.

Contenant les suiets i'en voile l'apparence
Que ie cache dans moy d'vn gracieux pinceau,
Aussi celle qui est moy-mesme en son essence,
M'enuelope dans soy dessous ce sens nouueau.

℘. ℘.

Chacun me peut couper, mais nul ne me peut fendre,
Encor que l'accident de vray corps soit en moy
Des diuerses couleurs nature me fait prendre,
Ensuyuant par degrez l'vniuerselle loy.

D. ℘.

Lors que i'estois plus grand, ie tenois moins de place,
Mais les pierres m'ont faict comme autre deuenir,
Car en me contraignant de prendre vne autre face,
Me rendent plus petit pour plus grand lieu tenir.

Δ. ℘. ℘.

Ni vif, ni mort, ie suis plein d'vn esprit qui entre
Et s'en va de mon corps, r'entrant au prix qu'il sort,
Mes oreilles le font exaler de mon ventre.
Par mon bec qui me monstre ores foible, ores fort.

Δ D. D.

Triste qu'à mon amant ie present é ma plainte,
Je me cache en ces creux, chastiant mon deffaut,
Et ie ne parle pas, si ie ne suis contrainte
De recrier bien fort ce qu'on me dit tout haut.

Δ. D. Δ.

Ouuerte à l'vn des boutz vne queuë on me donne
Affin qu'auec le bec ie la traine par tout,
Puis conduite au labeur que ma dame m'ordonne,
Je laisse à chasque pas de ma queuë le bout.

D ℘. Δ.

Dissemblable à ma mere aussi bien qu'à mon pere,
Formé à leur patron comme vn des deux ie suis,
Autant ou plus fort qu'eux, en cela i'en differe,
Qu'ils peuuent engendrer & moy ie ne le puis.

ה. ℘. ℘.

Matiere ie ne suis, idee corps ny cause,
Sans me multiplier on ne me distrait point,
Il y a plus de moy que de toute autre chose,
Et à tout ce qui est on me trouue conioint.

Δ. D. ℘.

I'ay autres-fois esté vne terre inutile,
Sans estime, cachee en l'abysme ocieux,
Mais ors qu'on m'a batu ie deuiens si habile,
Que la pluspart m'egale à la terre & aux cieux.

D. ה. Δ.

On m'arrache tout vif, on m'enfonce dans l'onde
On me seche, on me brise, affin d'auoir ma peau,
Par les picques ie passe, & par la voye ronde
La vieille entre ses dents me faict vn corps [illegible]

ה. ה. ה.

Ie suis comme vne table encores innocente,
N'ayant d'aucun pourtraict aucun lineament,
S'il auient que mon feu quelque vif represente
Il monstre ce qui s'est monstré premierement.

℘. Δ. Δ.

Moy qui porte par tout mainte forest conioincte,
Reduite au petit pied ie suis en ces bas lieux,
Bien que vaste autre part en cest endroict contraincte
Vn bien petit de bois m'esleue vers les cieux.

℘. ℘. ℘.

Ie suis vn corps brillant tout congelé de flame,
Par force sublimé ie me forme plus fort
Quand i'embrasse le Roy tout son corps deuient [illegible]
En perdant son estat pour reuiure en sa mort.

S. S. Δ.

Ie suis vn corps esprit, ie suis esprit en masse,
Ie suis vn demy corps tousiours en fusion,
Tout ce qui m'est patent facilement i'embrasse
Estant symbole heureux de resurrection.

S. S. D.

Trois ames en vn corps distinguees d'eßence
Ensemble subsistoient, n'en sachant tant auoir
Deux en fin ont pris l'air, puis de mesme apparence,
En trois corps distinguez chacun les a peu voir.

S. D. D.

Je suis d'vn air batu vne legere atteinte,
Ie n'ay point de figure & si suis vn poitraict,
Soit qu'on me face vraye, ou qu'on me tiene feinte,
De l'ame dont ie suis, i'ay tousiours quelque traict.

ℸ. ℸ. S.

Je ne suis rien de moy, que ce que l'on m'estime,
Et toutes-fois par tout ie suis de tout le pris:
Cestuy la qui par moy heureusement s'anime
Par le vulgaire est mis au rang des bons espritz.

ℸ. ℸ. Δ.

Sans auoir rien perdu ie suis changé d'essence
Et ne suis en rien moins que cela que i'estois,
Bien qu'on m'y trouue tout on sent ma difference
Car i'ay changé d'esprit dans le corps que i'auois.

Δ. Δ. S.

Abandonnant mon corps, en essence nouuelle
Ie suis vn bel esprit en corps spirituel,
Et merueilleux en faicts par vne force belle
Ie puis tirer l'esprit de l'estre corporel.

ר. ♁. Δ.

N'ay dedans les forests aux maisons on m'ameine
Pour reparer l'erreur que la vieillesse fait,
Et m'employant du tout ie me perds, & ma peine
Car faisant autruy beau, ma beauté se deffait.

Δ. ♁. ר.

Ie suis tiré de l'eau vne masse solide,
Et rudement frappé ie brille tout en feux.
Ie suis froid au toucher, ie me plais en l'humide,
Mais par force mes feux apparoissent aux yeux.

ר. D. ♁.

I'ay passé par le feu dont ie suis eschappee,
Il n'a rien eu de moy, i'ay de luy retenu,
Ce que ie monstre assez lors que de l'eau trempee,
Ie decelle le feu dedans moy contenu.

D. ר. ♁.

Soit que dans le caillou, soit que dedans la plante,
On m'aille recherchant, si suy-ie fils du feu,
Ie suis semblable à l'eau, & ma forme brillante,
De ce qu'elle a le plus fait paroistre fort peu.

D. D. Δ.

Mon corps est pris de terre & ma force des flames,
Et tout du long des doigts on me fait sublimer,
Ie suis aux plus hauts lieux mise en espoisses lames,
Où mon humeur perduë on me fait rehumer.

D. ♁. ♁.

De l'enclos non ouuert de la ronde machine,
Conceu sans pere & mere, à la parfin ie sorts,
Mais deuant que partir cruel ie me mutine,
Et ronge ses costez pour me tirer dehors.

D. D. ♃.

Ie marche à pas egal de toute ame viuante,
Choiſiſſant à mon gré l'humble & le glorieux,
Et ne ſuis rien du tout, toutesfois i'eſpouuante
Et trouble tous ſujects qui ſont deſſous les Cieux.

L'Empereur reuenu du grand palais retourna en la ſalle des cauſes de ce iour, & trouua la Souueraine leuee ayant donné congé aux amans, il ſ'auança & la prit par la main, & ſ'aſſéant ſur le lict de parade il fiſt approcher les Princes & Sarmedoxe, & leur diſt apres quelques communs deuis : Ie ne m'arreſte pas ſeulement à la nuë eſcorce de ce qui paroiſt icy, car ayant à recouurer vn contentement ſpirituel, ie deſire ſçauoir ce qui peut reſtablir mon eſprit, parquoy ie vous prie me dire encor plus ouuertement, pourquoy vous ſuiuez cet ordre commencé de ſe trouuer iournellement aux Palais ayant plus d'eſgard au iour, ce m'eſt il aduis, qu'au ſuiet. LA SOVVERAINE. Sire, vous auez eſté ſatisfaict de ce point en general, ie ne laitray pourtant de vous donner le contentement que vous deſirez : ie croy que vous ſçauez aſſez que le germe de tout ſe deſcouure en blancheur ſortant de ſon contenu, ceſte couleur eſt appropriee à la Lune, cela eſt purement cauſe d'auoir commencé en la Lune : Et puis nous qui auons l'œil plus auancé que le vulgaire, nous ne nous tenons pas ſimplement à la ſuperfice, ains ſuiuant le vray deſir dont vous faictes profeſſion, nous profondons iuſque aux intimes lieux : & plus reculez, ayans dauantage d'eſgard aux eſprits qu'aux corps : & partant lors que les corps sont de peu d'estime nous prenons garde aux esprits, comme en la planette d'auiourd'huy, de laquelle le solide est petit, mais le subtil est grand & toutesfois fort separable, ce qui auiêt aux substãces de moindre force, & qui n'est pas en celles qui sont de cõposition plus exquise, dont la separation specifique est fort dificile. Ce corps ci est des plus forts ce semble, mais pourtant facile à ouurir, & fort prest à laisser aisement enleuer ceste ame vermeille & purpurine qui est en luy, & est sa vie: Et selon l'analogie de nostre disposition, vostre sang qui estoit palli par la tristesse, sera tiré de la masse pesante qui le retient, se reueillera, & sera rechauffé par la vertu de Mars selon la couleur duquel on imagine tout commencement de cuisson naturelle que l'on estime noire à cause de son exuberante teinture. l'EMPEREVR. Si comme i'espere, ie suis en tout autãt satisfait, ie m'estimerai le plus heureux entre les mortels, comme ie vous tiens les plus admirables en conseil & prudence.

DESSEIN VIII.

Quels furent les banquetz de l'Empereur, Amours de Melisse & de Veruille.

Palais de mercure

CE qui peut estre rassemblé de plaisir pour resiouir vn grand, estoit pratiqué en ceste entreprise: Et si nous voulions deduire les pompes des repas, & de l'apareil des banquets qui chaque iour à toutes heures estoient liberalement offerts auec vn ordre de magnificence parfaictement recherché, nous rendrions confus les anciens qui ont tant mis de peine à separer d'artifices les obseruances qu'ils practiquoient és banquets de leurs Dieux: car deduisant les entrees, les seruices, les entremets, les issues, les fruicts & autres delicieuses & exquises bombances de repas si solemnels, on iugeroit que les superbement admirables festins des antiques, n'eussent esté que les colations des Pages de ceste court. Auec toute ceste opulence les plaisirs de l'esprit s'exerçoient, & desia la Nymphe Gnorise qui a la charge de disposer les amans, estoit au Palais de Mercure, où l'Empereur ne vint pas si tost qu'il auoit faict aux autres, pour-ce qu'il ne s'estoit leué si matin, dautant qu'il auoit assez bien reposé, ce qui ne luy estoit auenu depuis sa disgrace: Cependant qu'il tardoit, Gnorise preparoit tout & dressoit les plaidans, estant leur particuliere & bonne secretaire ayant la cognoissance des circonstances de leurs affections. l'Empereur estant prest, vestu des accoustremens ordonnez à ce iour, & toute la court parée de mesme, il vint & comme il s'auançoit auec les Princes & seigneurs ceux qui estoient entrez deuant se mirent en haye, & à l'instant qu'il mist le pied sur le seuil la Nymphe toucha vne harpe qu'elle auoit accordee auec sept belles voix, & châta sur l'incarnadin qui est la plus viue des premieres couleurs, & enuoya cest air par les airs, en la maniere que l'auoit souspiré le seruiteur cõstant de la belle qui aime ceste couleur.

Couleur de fee

Le bel incarnadin, ceste couleur naifue
Que seule des couleurs la Belle on doit nommer,
Represente l'honneur de ceste essence viue,
Qu'õ voit ès beaux suiects qu'amour nous faict aymer.
Quand ma Belle paroist d'incarnadin paree,
On rencontre vn Soleil vnique en maiesté,
Ceste belle couleur est par elle honoree,
Car les belles tousiours se parent de beauté.
Elle qui cause l'heur & le feu de mon ame.
Se plaist à se parer des plus belles couleurs,
Et comme son bel œil est vne viue flame,
Il se plaist au pourtraict de mes viues ardeurs.
Mais pourquoy l'ont pensé & l'ordonnent les Dames,
Qu'vn symbole si beau soit signe de douleur?
C'est pource que les cœurs alumez de leurs flames.
Constans en leur amour sont de mesme couleur.
Leur rencontre est certaine, & ceste cognoissance
Qu'elles ont des douleurs de leurs deuotieux,
Fait que pour les garder dedans leur souuenance,
Le bel incarnadin soit present à leurs yeux.

Celles qui ont le cœur capable de clemence,
Portent ceste couleur pour comme nous souffrir,
Celles que la rigueur cruellement eslance,
Y prennent leur plaisir pour nous faire mourir.
On cognoist és beaux yeux de ces belles aimables
Les feux incarnadins qui meuuent leur vouloir,
Aussi les cœurs qui sont d'vn bel amour capables,
Se viennent constamment submettre à leur pouuoir.
Ceste couleur de feu diuersement brillante
Monstre des passions la cause & les effects,
Car ainsi que la flame est ou ferme ou mouuante,
Constants ou vagabonds se trouuent les souhaits.
Et bien que la douleur comme il semble menasse,
Il n'y a point de crainte aux esprits hazardeux,
S'il y a de la peine aisément on l'efface,
Se bruslans aux rayons d'vn œil doux & piteux.
Et puis les yeux galans des belles accomplies,
Sçauent bien discerner ce qui doit estre aimé,
Aussi d'vn traict esleu leurs lumieres choisies,
Ont iustement tousiours leur suiect animé.
Tout ainsi que la flame en ses pointes se porte,
Et qu'à ceste couleur ie me tiens arresté,
Je sens que mon esprit d'vne passion forte,
S'esleue en la douleur dont il est agité.
L'incarnadin flambant qui monstre à ma pensee
De quels feux vn bel œil m'a surpris viuement,
Me mesle tout d'amour, & mon ame blessee
Doulourense volette à son contentement.
Co ıleur qui me retiens non par ta propre essence,
Mais par ce que tu plais à celle que ie sers,
Ces constantes ardeurs dont mon ame s'offence
Sont en mon chaste cœur contentemens diuers.

Comme l'incarnadin est la couleur plus belle,
Ainsi est mon amour entre les passions,
Madame est toute belle, & mon cœur tout fidele,
Il part d'vn bel amour & belles actions.
Amour Roy de nos cœurs, si tu veux que ma vie
S'oblige à la constance, en seruant ta grandeur,
Fay tant que ma maistresse en sa couleur choisie,
Cognoisse les effects de ses yeux sur mon cœur.

GNORISE. Amans, presentez vous, venez icy deuant l'Empereur desployer vos desirs & luy deduisant l'estat de vos amours soyez autant fideles au recit de vos auantures, que vous auiez de contentemens estans amans bien-aimez. Sire, vous verrez leur geste, peuples, faictes leur place, & les laissez pourmener, car en cet estat ils ne pensent plus ny à l'Empereur ny à nous, ils n'ont dessein ny pensee que ce qu'ils estoient alors, en deuisant & allant comme ils font. VERVILLE. Belle, si les grandeurs de vos perfections qui vous destournent des petits suiets, ne m'eussent osté l'asseurance, il y a long temps que i'eusse tenté la fortune, que ie me resous à ceste heure de practiquer, vous descouurant l'effort que vos belles graces ont fait sur mon cœur, qui ne pouuant plus patienter, me force de vous supplier, qu'il vous plaise m'accepter pour vostre seruiteur. MELISSE. Ne me representez point que i'aye tant de perfections; car elles s'esteindroient en l'insolente grandeur que vous me feriez conceuoir de moy, qui loing de ceste ostentation, desire estre plus innocente que glorieuse. VERVILLE.

Ie vous supplie me pardonner, vostre propre vertu que ie vous represente, est ce qui m'excite à ce que vous monstrant que ie la recognoy, ie vous fasse paroistre que ie ne suis point si disgracié que ie ne sçache discerner ce qui est de merite, & que ie suis en estat de pretendre à quelque grace, encor que ie sçache assez que vous ne pouuez pas faire estime de moy, veu l'excellence de vos perfections. MELISSE. Vos vertus me sont trop recognues, & vous me feriez tort ayant bien pensé de moy d'en rabbatre l'excellence que vous m'auez attribuee, car ce seroit m'oster tout esprit que iuger de moy que ie m'estimasse tant que ie ne fisse cas de ceux qui meritent. Ie ne suis point presomptueuse, mais ie pense auoir le sens assez iudicieux pour sçauoir comme il faut honorer ceux qui vous ressemblent, & vous sur tout que i'estime & honore. VERVILLE. Ceste courtoisie m'oblige trop: Mais afin que ie n'aille point rechercher des discours qui me feroient destourner de mon bien present, ie vous diray que voyant la bonne opinion que vous conceuez de moy, ie vous prie de me le faire croire en me receuant. MELISSE. Ie suis vostre seruante. VERVILLE. C'est me tuer trop doucement, i'aimerois bien mieux qu'il vous fust agreable d'estre ma maistresse. MELIS. Et que vous en aduiendroit-il quand cela sera? VERVILLE. Toute commodité de cœur, & ie m'asseure que vous m'accepterez puis que vous voulez sçauoir la fin de ce que mon cœur pretend à vous seruir: En ce bien ie me trouue au dessus de tout contentement, & desia ceste faueur releue mon ame apres les beaux desseins, si que la tout de courage, des maintenant iusques à la fin de ma vie, i'iray apres les plus excellentes idees pour dressé par icelles, rencontrer le moyen d'effectuer ce que ie doy pour vous tesmoigner mes fidelitez. MELISSE. Mais si ie ne vous accepte pas. VERVILLE. Vous estes trop belle pour retracter ce que vostre parolle a demonstré que vous vouliez. MELISSE. Et si i'ay vn autre seruiteur. VERVILLE. Ie ne doute point que vous n'en ayez infinis. mais il n'y en a point vn plus fidele que moy. MELISSE. A quoy cognoistray-ie vostre fidelité? VERVILLE. C'est ce que ie desirois, ceste heureuse parole est celle qui me met en la pleine asseurãce de mon bien. Et pourtant estant à vous ie vous diray que ma perseuerance vous asseurera, & en ceste plenitude de felicité permettez moy ma Maistresse de baiser ceste belle main. MELISSE. Bien mon seruiteur ie le veux, mais donnez moy tousiours occasion par vos deportemens que ie n'aye point cause de me plaindre de vous, & viuez d'vne humeur si modeste que vostre affection soit vostre contentement & qu'elle produise le mien. GNORISE. Leur amityé fut ainsi contractee pour estre stable, & durant ceste ferueur cest amant prist à Melisse vn nœud incarnadin qu'elle luy demanda instamment, & il luy rendit auec ceste protestation

Ne prenez point garde aux couleurs
Que vous aimez par fantaisie,
Mais aux veritables ardeurs
Dont vous faictes viure ma vie.
Si vous recognoissez vn iour
De vos yeux la douce puissance,
Vous iugerez qu'vn ferme amour
Me tient en vostre obeissance.
Ma Foy, ma Constance, & le Temps,
Vous en produiront tesmoignage,
C'est tout le bon-heur que i'attens
Ie n'ay autre soin au courage.
Tout ce que ie conçoy d'honneur,
Ce que ie pretens de liesse,
Est de viure humble seruiteur
De ma belle & chaste maistresse.
Ma maistresse, vous qui sçauez
Qu'à d'autre gloire ie n'aspire,
Rendez moy contant, vous pouuez
M'octroyer ce que ie desire,
Mes desirs sont que vous croyez,
Que ie vous suis humble & fidele,
Le croyant que vous receuiez,
Mon amitié perpetuelle.

Voyez comme l'extase de leur amour les domine, ils relisent en leur ame ce qui s'est passé. Il est vray, Sire, que ces amours se continuoient auec vne beauté d'affection accomplie, & leur amitié estoit tant innocente qu'ils n'y admettoient aucun artifice. Mais oyez vne auanture suruenante, vn soir que Veruille alloit voir sa maistresse (Amans pensans à vos amours, oyez le recit veritable de ceste rencontre.) La belle estoit à sa porte qui le voyoit venir,&l'attendoit de bon desir,& auãt qu'il fust venu iusques à elle il auint que quelques nymfes de la cognoissance de Melisse qui auoient passé par deuant elle & luy auoient dit bon-soir & en haste, pour retenir cet amant, ce qu'elles firent se doutant de leurs amours, luy qui ne vouloit pas qu'elles creussent ce qu'elles pensoient, se trouuant arresté d'elles fit ce qui leur pleust, & elles l'emmenerent luy faisans rebrousser chemin: ô cruelles que vous auiez de tort, d'empescher ce bel esprit de voller à sa vie! Elles le destournerent à la veuë de Melisse qui n'en fut pas contente, & bien qu'elle vouloit assez la feinte de son seruiteur, si fut elle depite de cet acte, & en la simplicité & iustice de son amour en fit plainte à sa sœur Ascante, laquelle le lendemain tança doucement Veruille de sa faute, & de si bonne grace en la presence des autres Nymfes qu'elles ne s'en apperceurent point, l'alteration de son cœur en cette blessure eut esté manifeste sans le iugement dont il vsa à feindre sa douleur: en ceste affliction il passa quelques heures fascheuses, & puis apres plusieurs eslancemens d'esprit il vint humblement deuant sa maistresse prononcer ceste requeste de pardon:

Ma belle ie vous pri ne m'estre criminelle,
Ie vous viens humblement confesser mon erreur,
Quand vous recognoistrez que ie vous suis fidele,
Vous n'imputerez point de defaut à mon cœur.
Non.. ne deuois pas suyure vne autre auanture.

Ie sçay bien qu'il falloit acheuer mon dessein,
Mais sans auoir preueu de rencontre future,
Ie suiuois pleinement de mon desir la fin.
Ie ne m'excuse point, i'ay failli ma lumiere,
Que deuoy ie estimer par dessus mon deuoir?
I'en demande pardon. D'vne faute premiere
Vous ne vous deuez pas encor app rceuoir.
Que mon cœur fut troublé lors qu'en ceste surprise
Ie me vi destourné de mes deuotions,
Les belles qui faisoient changer mon entreprise
Virent bien que i'auois d'autres intentions.
Eussay-ie declaré ceste secrette flame,
Qu'auec tant de douceurs ie conçoy vous aimant?
Ie veux que mon secret soit vnique à mon ame,
Qui n'aime pas ainsi, n'aime point ardemment.
Ainsi que vous voudrez, iugez moy ma maistresse,
Ie souffriray constant tout ce qu'il vous plaira:
Vostre œil est l'astre saint qui ma fortune adresse,
Ie viuray, ie mourray, comme il l'ordonnera.

Melisse. Tout cela est beau pout s'excuser, pourueu que vostre cœur soit entier, mais ie me tourmente pour neant, car entre-vous gentils-hommes, vous auez tant de feintes, & de moyens de surprises, auec les inuentions de vous excuser quand vous auez failly, que vous nous faictes croire ce qu'il vous plaist, & cependant vous prenez vostre plaisir par tout, pource que tous sujects vous sont agreables & beaux. Vervil. Vous m'affligez, ma Belle, i'ay le courage si entier & tant à vous, que tels esbauchemens de desloyauté n'y ont point de lieu. Pourquoy me voulez vo⁹ persecuter sachãt la verité? Ne ſçauez vous pas bien que la force m'enleua? Ie vous diray bien que ſi ie ne me fuſſe ſouuenu de voſtre commandement, qui eſt que ie ſois ſecret en noſtre amitié, i'euſſe faict gloire ouuerte d'eſtre à vous, & ie les euſſe laiſſez pour vous venir trouuer. Mais vous iugez bien que ie fis mon deuoir, & que par ainſi ie leur oſtois l'addreſſe de l'opinion qu'elles auoiẽt que ie fuſſe voſtre ſeruiteur, & vous preniez plaiſir à leur donner ceſte contre-perſuaſion, d'autãt que vous me vouliez poſſeder ſans qu'elles le ſceuſſent, ioint qu'elles vous en portoient enuie, à cauſe qu'elles vouloient auoir la reputation d'eſtre belles, & qu'elles ſçauoient que ſi vous eſtiez ma maiſtreſſe, auſſi toſt vous ſeriez entre les dames reputee d'en meriter le prix: Ie dirois pourquoy, ſans que ie veux que ma loüange ſoit de vous aymee, ſans y rien adiouſter dauantage. A cauſe de cecy, & de ce que ie recognoy, ie ſçay bien qu'il n'y aura iamais de contrarieté en ma fortune vous aimant, que par leur malice. Or ma maiſtreſſe, il eſt en vous de me punir comme il vous plaira, toutefois ie me perſuade que voſtre vertu vous oblige à croire ce qui eſt vray, que ie dy comme ie le penſe. ASCANDE. Ma ſœur, il a raiſon, encor ie voudrois ne ſçauoir point qu'il fut ton ſeruiteur; car vn amour mignonnement celé, meſme à ceux que lon voudroit en rendre teſmoins, demeure vif entre les belles cendres de ſes plaiſirs. VERVILLE. Voicy vne agreable rencontre, ceſte belle m'aidera fort à m'excuſer, le ferez-vous pas touſiours de meſme? ASCANDE. Il faut auoir pitié de ceux qui ne peuuent qu'au pris que la bonne occasion leur en donne le moyen, ne sçauez vous pas bien que ie suis preste à bien faire? VERV. Les belles & sages sont de ceste humeur, aussi ie vous prie de me fauoriser encores comme vous auez faict. Il faut que i'aille voir le Seigneur de Valdamour qui m'a mandé, ie seray absent quelques iours. ASCANDE. N'y va point, croy moy, demeure icy, puis que tu es en la grace de ta maistresse, passe le temps auec nous, que pretens-tu de ces grands qui ne t'aiment que pour leur particulier contentement? si tu n'auois point de beaux discours, tu ferois bien d'en aller chercher à l'auanture. GNORISE. Tels deuis particuliers & gracieux entretiens, se continuoient entre ces trois assez souuent, & les affections des amans se fortifioiēt auec l'excellence d'amitié mutuelle, le cœur de l'amant estoit fidele, celuy de l'amante estoit loyal, & conduits auec tant de beau respect, qu'il n'y auoit pas moyen de penser que le discord y peut iamais suruenir: Ceste belle petite practique amyable se traictoit tant accortement, que mesmes Ascande encor qu'elle sceut leurs amours si n'en peut-elle remarquer aucune circonstance notable, & qui peut en aduiser les yeux des autres, ioint que l'Amant n'en faisoit discours ny semblant, & si de fortune il alloit pour voir Melisse, & qu'elle fust absente, il entretenoit Ascande de beaux propos sans toucher au sujet de sō amour. Il faisoit comme les parfaicts Amans qui n'employent point de tiers en leurs affaires, aussi souuent les tiers y mettent plus de zizanie qu'ils n'y sement de semence d'amitié. Or vne fois que cet amant estoit venu où il pensoit trouuer son bien, il ne rencontra que Ascante. auec laquelle il discourut fort long temps, en espoir que Melisse viendroit : en ceste attente il prit occasion de deuis auec Ascante sur le sujet du bon conseil qu'elle luy auoit donné de n'aller point voir le Seigneur de Valdamour, luy disant que s'il se fut mis en chemin, il eut couru fortune dangereuse, pource qu'en ce temps-là Praguus le grand voleur, rauageoit tout auec vne troupe assez forte: & il l'a remercioit du bien qui luy en estoit aduenu, luy en rendant ceste douce recognoissance & priere,

Bouche de verité, oracle desirable,
Ie vous offre les vœux que mon ame vous doit,
Prenez-le, c'est mon cœur, croyez moy veritable
Autant que ma pensée en vos paroles croid.
Belle pardonnez moy, i'imaginois qu'encore
Je possedois mon cœur, mais il n'est plus à moy,
Vne douce beauté qu'heureusement i'honore
Depuis que ie la vei, l'a retenu chez soy.
Helas! si vous vouliez heureuse prophetesse,
Me dire le succez des flames de mon cœur,
Autant que ie cheris les yeux de ma maistresse,
Pour vos perfections ie vous rendrois d'honneur.
Belle dictes moy donc quelque mot d'esperance,
Pourray-ie en bien seruant la flechir à pitié?
Selon que vous direz auray de l'esperance,
Mais prophetisez-moy quelque accent d'amitié:

Ainsi la verité dessus vos leures croisse,
Et puisse-ie de vous mes fortunes ouir,
Ainsi vostre beauté tousiours ieune paroisse,
Ainsi de vos amours puissiez vous bien iouir.

Puis passant de propos en autre, ils s'amuserent tant que la belle Melisse vint, plus esclatante en beauté que le Soleil n'est clair, quand il se leue au iour plus agreable; cet Amant la void comme le propre astre de sa vie, dont il espere tout bon-heur. Mais elle luy faict tout ne plus ne moins que font les derniers iours aux vieillards qui sont comme les restes de l'Esté, qu'il semble que le temps doiue faire vne saison nouuelle, & tout incontinent l'Hyuer enuelope les contrees, & les anciens se trouuans gays & ioyeux se trouuent presques en parfaicte disposition, ainsi que iamais n'ayans esté mieux ny plus sains, croyans ne s'estre onques si bien portez, & durant ce bel estat tout d'vn coup sans cause manifeste ils descheent, & tresbuchent en la derniere occasion. De mesmes vn iour de grace Veruille ressentit vn malin reuers d'affaires: Car estant continué en la douceur de ceste grande felicité tant abondante, receuant toute multitude de plaisirs en son ame, se tenant comblé de toutes prosperitez d'amour: Il luy auint en vn instant vn tres-grand malheur, le plus desplaisant que la disgrace puisse former, par vne meschante & maudite ialousie, quelques Nymphes compagnes de la belle, luy donnerẽt des atteintes pour ses amours, & y adiousterent de folles circonstances qui la depiterent, pource qu'elle pensoit que ce qu'elles luy en disoient, fut occasionné par quelque faute ou indiscretion que Veruille eust commise, & qu'il se fust vanté contre son ordinaire, de quelque faueur, parquoy la belle prenant son opinion pour verité, delibera de luy faire sentir son peché. Elle auoit tort la pauurette, se troublant soy-mesme, & autruy, & toutefois en ce malin changement depiteusement premedité, elle deuint dedaigneuse vers celuy qui n'aimoit qu'elle; fascheuse contre le courage qui n'auoit respect qu'à sa beauté, & fiere à celuy qui luy estoit tout humble: Et depuis ceste heure là plus il l'a recherchoit, plus elle s'en destournoit, continuant trop longuement ceste mauuaistié. Le triste Amant qui ne sçauoit pas la cause de cet incõueniét, n'y a sceu mettre remede, & quoy qu'il ait souuẽt representé son innocẽce, ses fideles amours, sa parfaite loyauté, & les incoulpables pretẽtions de son cœur, le courage de la belle ne s'est point amoli, dont plein de regret, & en l'amertume egale à celle qu'on sauoure en mourant, il luy a chanté ceste douleur:

Vous faites donc si peu d'estat de la promesse,
Que sans crainte y manquant, vous manquez à l'honneur?
Non, vous ne croyez pas que le cœur qui trãsgresse
Doiue estre quelque iour puni de son erreur.
Si vous auiez encor un peu de conscience,
Vous en ressentiriez en l'ame le pouuoir,
Mais vous ne pensez pas auoir commis offence,
Ne recognoissant plus d'amour ny de deuoir.

Tous ceux qui les vertus & le deuoir negligent,
Ne parlent & ne font que selon le hazard,
Leur parole & leur foy de rien ne les obligent,
Leurs dits & faicts ne sont que du vẽt & du fard.
souuenez vous du iour, qu'amante volontaire
Vous me fistes promesse & pristes mon serment,
Gardez qu'Amour vengeur ne vous soit aduer-saire,
Car il sçait chastier le courage qui ment.
Non ie ne me plains point, ie recherche vengeance,
Un courage offencé ne se peut retenir,
Ie suis tout plein de cœur, i'ay assez d'asseurance
Pour vous voir quelque iour repentir & punir.

Gnorise ayant fini son discours & les parties se taisans, le Procureur general d'Amour fit son requisitoire, & l'Empereur ayant receu le conseil prononça,

La douceur dont vous auez vescu est notable, parquoy, vous Belle, l'entretien fauorable dont vous auez attiré à vous ce Gentilhomme, vous rend hors d'excuse : Et vous triste Amant, vous estes en peine, pource que vous n'auez pas flechi le courroux de vostre maistresse. Et pourtant il est auisé que vous Belle, aurez douleur en vostre fortune, ayant quelquefois regret d'auoir mal traicté celuy qui vous aymoit tant. Et vous, Amant, serez en ceste perplexité tant que vous continuerez vostre affection. En fin tous deux vous attendrez la rencontre, qui vous est destinee par le Ciel.

DESSEIN IX.

Discours de l'Empereur & de Melisse, laquelle luy raconte vne histoire nouuelle, d'Arleone & de ses amours. Et comme vne fille ayant pris l'habit de gentilhomme, & vn gentilhomme l'habit de fille, à la fin ils furent mariez ensemble.

CE beau iour estoit employé à vuider de semblables causes, & l'Empereur auant que s'ennuyer se leua prenãt Melisse par la main, qu'il amena auec soy pourmener au iardin : A la verité elle estoit tant accomplie de beautez, que quiconques la voyant ne l'eust desiree eust esté priué de cœur, aussi rien n'est tant aisé que d'aymer ce qui est beau, c'est la redite des amans, & ie croy que ce Monarque eust facilement induit ses affections à ce beau sujet, si l'vlcere de son cœur luy eust permis, s'il eust peu oublier le premier caractere & soy-mesme, il eust tout delaissé pour s'addonner à aymer ceste belle qui n'est que toute agreable : mais n'ayant vers ce suiet autre dessein que l'entretien commun, deuisant auec elle, & voulant apprendre de plus en plus des causes & effets d'amour pour se consoler en son mal, luy demanda : Belle, d'où vient que ce Gentilhomme a perdu vos bonnes graces ? MELISSE. Sire, les hommes ont pour la plus part de terribles & estranges opinions, lesquelles ils croyent, telles que leurs mauuaises humeurs leurs figurent, ainsi en prend-il à ce pauuret, qui deuoit cognoistre mon cœur, auant que s'addonner au desespoir. Il faut que ie vous confesse que ie l'aime, & que iamais il ne partira de mon esprit, encor que i'aye tasché de l'en effacer à cause des dépits que l'vne de nos Nymfes m'en a faict. Aussi quand il saura la verité ie le verray reuenir auec la penitence me supplier, cependant i'auray du regret pour luy, & le tesmoigneray ou au cœur, ou au visage. L'EMPEREVR. Donques vostre esprit occupé ne donneroit point de lieu à vn autre, & n'y auroit moyen de tirer de vous aucune commodité de cœur par mutuelles affections? MELIS. Les places estans prises, il faut enleuer ceux qui les possedent auãt que d'y en mettre d'autres. L'EMPER. Quelle grace peut-on donques auoir de vous? MELIS. Celle qui doit estre requise. L'EMPEREVR. Que ie sois trompé ou non, si faut-il que ie reçoiue de vous quelque consolation par le deuis familier, à ce que vostre bel esprit me represente ce qu'il est. Comme il disoit cecy le retour s'acheuoit, & se rencontrerent pres la seconde sale de Mercure, où ils entrerent pour se reposer vn petit, ou y estre selon l'occurrence: & ce que la belle trouueroit d'occasion propre, à quoy elle pretendoit; car oyant les autres discours de l'Empereur vn peu interrompus (ioinct qu'elle sçauoit de ses affaires) pour le diuertir & luy causer du relasche en sa melancholie, se souuenant d'vne belle histoire, s'auisa de la luy conter & luy dit: Sire, ie sçay vne belle auenture escheuë n'y a pas long temps en France, ie croy que le recit vous en pourra plaire. L'EMPEREVR. Voudriez-vous bien en prendre la peine, & me tant gratifier? Ie vous en prie Belle, & croyez que i'auray en cela double plaisir, l'vn de vous ouyr bien dire, & l'autre de sçauoir ceste nouueauté. MELISSE. Vn beau Gentilhomme François estoit nourri chez vne sage Dame, où il apprenoit, encor enfant, les premieres lettres, & y estoit esleué en la compagnie d'vne belle petite Damoiselle de bonne famille, mais destituee de biens, & tellement qu'il falloit que ses amis fournissent à sa pension: Ce beau fils venãt par frequentation à sentir les premieres petites pointes que l'Amour mignon en guise d'amitié, aiguise contre les cœurs, & apres estre hors de la maison de la bonne femme & auoir esté page, & passé toutes les carrieres que l'on essaye en la premiere ieunesse, nourrissant en son cœur vne scintille d'affection, la sentit se multiplier en hantant les compagnies, ou voyant plusieurs belles Dames, dont les yeux sollicitoient aisement les siens, se ressouuint de l'impression que sa premiere cognoissance auoit frappee en son cœur, & s'en informa tant auec son courage, qu'il luy prit enuie de s'esclaircir par effect de ce qu'il imaginoit, ou pour s'en distraire, ou pour en courir la fortune; & de faict il delibera d'aller voir ceste belle, auec laquelle il auoit eu tant de douces frequẽtations, il l'entreprit & l'executa, & vint chez la sage dame sa nourrice, pour en sçauoir des nouuelles, ce qui luy succeda: Mesmes quand il se presenta à la porte, la Belle fut celle qu'il rencontra la premiere, il l'a recognut bien, car son cœur estoit le parfaict peintre qui la luy figuroit, il fut esmeu & surpris la voyant tant belle qu'elle luy parust; car elle se monstroit tant parfaicte, que difficilemēt on eust peu trouuer vn obiect plus desirable, leur rencontre fut solemnisee d'vn agreable baiser: Et puis estants deuant la Dame qui le receut amoureusemēt, la rememoration de leur ancienne cognoissance mise en auant, multiplia du tout le desir qui l'auoit amené, ce qui parut, pource que quelques iours apres, & que la familiarité fut renouuelee, la sage Dame se plaignant à luy de ceux qui prenoient le soin de la Damoiselle, & l'auoient negligee depuis vn an & demi, ils en entrerent si auant en discours, qu'elle l'informa des affaires de la belle: luy qui iugeoit que cela le touchoit à cause de son affection, asseura la Dame de tout, & la contenta payant sa pension, & tous les frais qu'elle auoit faicts, luy contant qu'il estoit des amis des parens de la Damoiselle. Les affaires ainsi resolus, tout se portoit bien, & cependant ceste grande courtoysie donna à ce ieune cœur capable de passion, vne iuste occasion de s'en esmouuoir: & le Gentilhōme voyant ceste douce inclination de la Belle, s'obligea d'amour vers elle, si estroictement qu'il y posa l'extremité de son bon-heur, aussi elle qui repassa sur les premieres fleurs de leur ancienne amitié, s'y proposa toute felicité, & se donna entierement à celuy qui l'aimoit parfaictement; les amours formees sur le modele exact de la chasteté durerent plus d'vn an, à la fin ce fidele amant se resolut de donner vn terme à sa belle amitié, & declarant à ceste belle Arleone ce qu'il auoit premedité, la fit consentir à sa legitime deliberation, qui estoit de l'espouser. Et pource que les parens du Gentilhomme le sçachans l'en voulurẽt destourner, à cause du peu de moyens de la belle, & l'en empeschoient, il fit vne feinte, & les asseura de n'y penser plus, & qu'il practiqueroit d'autres amours : cependant il escriuoit à Arleone à toutes occasions, ou la voyoit : & ainsi il fit partie auec elle de se distraire & s'en aller au loin viure heureux. Le Gentilhomme fit bource & amassa assez dequoy, mesmes en pierreries & ioyaux, qu'il mit entre les mains de sa chere maistresse, & ayant communiqué à quatre de ses intimes amis vn voyage premedité, ils luy promirent aide & assistance selon qu'il les en requereroit, leur disant vne partie de son dessein, mais non à la verité, car il leur teut le principal de l'affaire, biẽ leur raconta-il qu'il menoit auec soy vn ieune Gentilhomme sien cousin, pour l'amour duquel principalement il entreprenoit ceste partie. Ce Gentilhomme estoit Arleone, desguisé en beau ieune fils, laquelle sçauoit le lieu où estoit le rendez vous, & elle qui eust plustost souffert la mort que le denoüement de sa foy, ny manqua pas, aussi leur intention estoit mutuellement chaste, & deliberoiẽt de se depaïser, & paruenus au lieu desiré s'espouser honnestement, pour passer le reste de leurs iours selon le deuoir. L'Amãt auec ses amis vint où ils trouuerent Arleon, & incontinent vestus en pelerins se mirent aux champs, & sans estre descouuerts firent plusieurs lieuës, si qu'il y auoit vn mois qu'ils cheminoient à petites iournees quand ils arriuerent pres de Poictiers, où ils firent rencontre de voleurs qui les chargerent, & ils se defendirent si vaillamment que huict des voleurs demeurerent sur la place, le reste s'enfuit : Mais helas ! par grand malheur le pauure amant fut tellemẽt nauré, qu'il expira entre les mains de ses amis, ainsi qu'ils le releuoient, dont l'ennuy fut extreme au pauure Arleon, qui presque perdit tout espoir ; toutesfois ce fut à luy de penser à son affaire, & se demonstrer auec telle constance qu'il estoit necessaire : Ces pauures voyageurs prenans leur mort & cõduisant deux des leurs qui estoient blessez, vindrent à la ville, & auertirent la iustice de ce qui s'estoit passé. Ceste notable disgrace les fit assez long temps arrester en ceste ville là, où ils firent les obseques du deffunct, & donnerent ordre à la guerison des blessez, & cependant Arleon pensant à ses affaires, ne se fit cognoistre aux autres qu'en qualité de cousin du deffunct, dont il lamentoit le decez, cependant il se tint saisi des ioyaux que seul il sçauoit, & continuant sa feinte d'habit, viuoit auec ses amis comme de coustume. Vis à vis de l'hostellerie où ces pelerins s'estoient logez, demeuroient quelques dames charitables qui les venoient visiter souuent, & donnoient aux malades plusieurs petites delicatesses, & taschoient à les resiouir tous en leur affliction, entre elles estoit Clariose belle ieune vefue, laquelle ayãt ietté l'œil sur Arleon le trouua à sa fantasie tant accomply, qu'elle ne se peut tant cõmãder que son cœur ne s'addonnast à le desirer, & de faict s'affligea si fort d'amour pour son suiet qu'il fut son vnique pensee. Elle presumoit bien, veu l'apparence d'honneur de s'en distraire, mais l'amour fut vainqueur de toutes ses autres opinions; tellement que ceste vehemence d'amitié l'enleua auec tel effort qu'elle en perdoit & repos & repas, & ainsi viuement sollicitee d'affection, n'auoit plaisir en soy, que lors qu'elle voyoit Arleon: Ces difficultez d'esprit luy causerent telle impatience, que son ame estoit esperduë en l'absence de son obiect: parquoy ne respirant que la douce felicité qu'elle se proposoit de sa belle grace, se resolut de luy faire ouuerture de son cœur. Il n'y a rien qu'vne amante determinee ne tente, & pourtant elle se resout & puis effectua son dessein qui luy succeda. Arleon que le desplaisir exerçoit cruellement, lamentoit sans cesse pour le sujet qui luy auoit esté si cher, ayant pour ceste cause de terribles martels en la pensee, auec cela ayant l'honneur deuant les yeux, & iugeant la disgrace qui luy auiendroit retournant au païs, ioignit le cōseil auec sa iuste desplaisance, & sceut tant bien feindre de poursuiure son dessein, que les autres ne cognoissans de son faict que les feintes qu'il leur en racontoit, s'en retournerent, le laissans en ceste Vniuersité, où il dit qu'il vouloit estudier, afin d'estre sçauant & habile auant que s'en retourner, & qu'il esperoit y trouuer condition & commodité, ou passer outre, selon que la fortune luy diroit. Durant qu'il minutoit ses opinions, Clariose l'apperceut & cognut fort bien qu'il estoit agité de solicitude, partant faisant semblant

semblant d'autre occasiõ, vint cõme par hazard à sa rencontre, & luy dit, Quoy? Arleon vous estes tout melancholique, auez-vous besoin de quelque chose? ie vous asseure que vous estes entre des personnes qui vous feront tous traicts d'amitié, & ne permettront point que vous ayez de la necessité. Arleon. Mademoiselle, ie vous rends graces tres-humblement: Ce n'est point la crainte de necessité qui me trauaille, mais vne autre fascherie qui m'est bien plus insupportable, & qui est telle qu'à peine on la pourroit penser. Clariose. Ie pense qu'il n'y a rien qui puisse tant affliger vn beau Gentilhomme tel que ie vous voy, si ce n'est la perte ou l'absence de quelque Dame. Arleon. Ie vous iure & auec verité que telle cause (sans vous dédire) n'est pas ce qui m'afflige, mais la perte d'vn Cheualier, iointe à vne infortune bien plus rehaussee de malheur. Clar. Nous auons tasché à vous consoler de ceste perte, à quoy il se faut resoudre, puis qu'il n'y a plus de remede, vos destresses ne le peuuent resueiller, ny vos ennuis le restablir, & vostre douleur ne le rappellera iamais, il faut mettre peine de se restituer à sa premiere ioye pour s'asseurer du reste, & se tirer d'affliction, aduisez à quoy ie pourray y estre propre, car ie n'auray rien de cher que pour l'employer à vostre commodité. Arl. Ie suis vn pauure estranger que vous auez desia tant obligé qu'il n'y a pas moyen que ie le puisse dignement recognoistre pour vous en recompenser. Clar. Tout ce qui est en mon pouuoir vous est acquis, & d'auantage, vous ne serez point estranger s'il vous eſt agreable de conſentir au bien d'vne perſonne qui vous en deſire. ARLE. Vn pauure infortuné pourroit-il bien faire vne rencontre telle? il n'y a pas apparẽce. CLAR. Il y en a, auſſi telle pẽſé en vous qui peut ce qu'il vous plaira pour voſtre biẽ, & ſi vous auez le courage de tenir ſecret ce que ie vous communiqueray, & le prendre de telle part qu'vn cheualier vertueux le doit, ie vous propoſeray vn party, lequel vous accepterez s'il eſt à voſtre aduantage, ſinon vous le laiſſerez par raiſon, en conſeruant dans voſtre ame ce qui en ſera, auec ceſte gloire d'auoir eſté recherché. ARLEON. I'ay l'ame tant addonnee à la fidelité, que iamais elle ne manquera à ſon deuoir, parquoy ie vous feray tel ſerment qu'il vous plaira de tenir ſecret ce que vous me direz, & que ie ne le declareray iamais ſans voſtre cõmandement. CLARIOSE. L'amour fait faire de grandes paſſades aux eſprits de ſon obeyſſance, c'eſt luy qui veut que ie vous declare ce que i'ay de plus ſecret au cœur, & ie vous prie de tenir en l'eſtat que vous m'auez promis ce que ie vous deſcouuriray. Depuis que mes yeux vous eurent deſcouuert, & qu'ils en eurẽt raporté la nouuelle à mon cœur, ie n'ay eu autre penſee que celle que vos graces m'induiſoient, qui eſt cauſe que ie vous ay conſideré plus inſtãment, & de là i'ay creu, veu vos façons, que vous eſtes de bon lieu, & partant que ſi ie vous declare mon affection, vous m'oſterez de peine, en acceptant mon aliãce ſi rien ne vous empeſche. ARLEON. Voicy vn coup d'extreme obligation! vous m'auez ouuert voſtre courage, ie vous manifeſteray le mien, &

puis que vous me desirez, ie seray à vous: Rien ne m'en empesche, & de fait, puis que vous le voulez, ie me donne à vous: Mais tout ainsi que vous m'auez dit vostre secret, aussi est-il raisonnable que vous sçachiez le mien, & ie vous diray que s'il aduient que quand vous le sçaurez, vous me reiettiez trop desdaigneusement, si ne vous abandõneray-ie iamais, la seule mort nous separera si elle peut. Ceste amante l'oyant parler de telle sorte sentoit en son cœur vn milion de plaisirs, & ne scauoit comment souspirer, tant le contentement l'emportoit, & Arleon faisant vn souspir, tiré du profond habitacle de sa vie, luy dit, Ma belle Demoiselle, quand ie seray à vous comme ie le suis, quel vous en sera le bien? Helas mon secret est la difficulté que ie trouue en cecy, c'est ce qui fait qu'estant du tout à vous, n'estant à personne, n'ayant plus d'obligation à viuant, ie ne puis vous estre ce que possible vous desirez. Clariose. Quoy? m'ostez-vous desia ce que vous m'auez donné? & que ie receuois tantost auec toute liesse de cœur? Arl. Non, car ie seray tousiours à vous, s'il vous plaist. Mais ce qui m'afflige à ceste heure est, que nature n'a pas voulu que ie fusse ce que ie parois estre. Mademoiselle, mon infortune est cause qu'il faut que ie mente: Ie m'estonne que vous qui auez des yeux, n'auez descouuert mon mensonge. Clariose. Ces difficultez tant bien recherchees me mettent en peine, ie vous prie m'oster de l'inquietude où elles me tiennent. Adoncques, apres plusieurs douces & reciproques protestations d'amitié & de secret, Arleone se declara à Clariose, luy descouurant fidellement ses affaires, sa maison, son estat, ses amours, ses ennuys, & sa deliberation: ce qui fut poursuiuy auec des pleurs & larmes de tous les yeux de ces deux desolees, qu'elles conduisoient de profonds souspirs tirez du plus pres du cœur. Apres que ces deux Demoiselles se furent vn peu consolees, & estans reuenues de cest extase de pitié, apprenans vne nouuelle amitié, se resolurent d'acheuer l'entreprise que Clariose inuenta à l'heure de ceste cognoissance. En telle deliberation apres que les compagnons du deffunct furent partis, Arleone se retira chez Clariose, & y vescut quelque temps auec le plus de consolatiō d'amitié qu'elles peurent practiquer, sans que Arleon se manifestast autrement qu'il auoit encor paru, car la feinte duroit tousiours, & ces deux se voyoient auec tant de belles actions, que les voyans en tiroient plus de coniectures vertueuses, que les peruers de ce iour n'en eussent peu imaginer de folles cupiditez. Or Clariose auoit eu vn fils de son mariage, qui estoit nourry auec sa mere grand, non comme garçon, ains habillé en fille, car ceste vieille possedee par sa fantaisie, vouloit auoir vne fille de sa bru, & pour lui complaire on auoit tousiours si bien faict, que ce beau fils auoit esté tenu pour fille. Quelque difficile pourroit dire que celà eust esté bon à tromper vn vieillard qui croit les femmes, & non vne femme qui a plus de liberté auec les enfans que les hommes: pour satisfaire à la maligne pensee de ce picquant, ie diray que ceste Dame estoit de l'ordre des Innocentes qui est pullulant en ce pays là, & entre leur regle vne est de croire tout sans vouloir rien esprouuer, à cause de la consciē-ce, & de crainte que le scrupule ou doute fust cause qu'il aduint mal, cest ordre est semé parmy toutes sortes de gens & sexes, ainsi que l'est la police religieuse des filles deuotes. Or donc la bonne femme ayāt dit, qu'elle n'aymeroit point vn fils si sa brus en auoit, les seruantes auoient si bien fait pour contenter leur Maistresse, que Clorisel fut tenu d'elle pour vne belle Demoiselle, qui ayant appris l'intelligence de son secret, se maintint tousiours mesmes estant grand en l'estat de fille portant le nom de Clorisee, dequoy la mere estoit contente pour n'ennuyer point la bonne vieille: & de fait il faut aux vieilles gens accorder beaucoup pour leur conceder peu, car ils se contentent pourueu qu'on ne les desdise point. Ceste gentille inuention de desguisement de Clorisee venant en memoire à Clariose en eut du contentement en son cœur, sans toutesfois en rien descouurir à Arleone, & ce qui plus l'induisit depuis à trouuer meilleure ceste feinte & l'approuuer, fut sa nouuelle cognoissance, à cause dequoy elle prit en si grand dédain le sexe des hommes, qu'elle confirma par secrets messages son enfant, à ce qui estoit commencé. Ceste nouuelle aduanture de Clariose ne dura gueres, car auant que six semaines fussent passees, ou d'autant qu'elle auoit trop d'amour & de flames, elle fut esteinte faute de les esteindre, ou pource que ses destinees estoient accomplies, parce que son iour heureux escheut, son ame tira vers la multitude. Arleon auec beaucoup de desplaisir occulte se retira errant quelque temps, & hantant en bons lieux sans se resoudre, & ne sçachant comment faire pour honnestement se ranger: Clorisee d'autre costé triste de la mort de sa mere, se contenoit demeurant tousiours chez la bonne femme, conseruant sa feinte, mais auec telle bride, que s'abstenant des priuautez communes entre les filles, & n'en vsant auec celles qui se rencontroiēt, elles l'estimoient reformee, & de faict elle ne s'aduançoit point aux mignonnes mignardises dont les filles se delectent ensemble, & si d'auanture quelqu'vne s'emancipoit pour l'y induire, elle la repoussoit comme meuë d'vne hōte saincte, & de vergoigne vertueuse. Il aduint qu'il se faisoit vn tournoy & autres belles parties, où plusieurs Dames & Demoiselles vindrent, & l'assemblee se rencontrant chez l'ancienne Dame, beaucoup de Noblesse y aborda, entre autres Arleon y vint. expres pour se rapprocher du lieu où il auoit esté autresfois bien reçeu, car il auoit esté iusques à Thoulouse: mais forcé par son destin, il reuint icy, & il arriua le lendemain que les parties auoient cessé, que les Gentilshommes estoient retournez, & qu'il n'y auoit plus que quelques Demoiselles voisines, il fut pourtant bien receu, & auec toutes sortes d'hōnestetez, il s'estoit addonné à vne infinité de petites inuentions pour recreer les esprits, desquelles il se resiouyt auec ces Demoiselles, & de si bonne grace qu'il leur fut fort agreable, mesmes quelques vnes retarderent leur retour chez elles à son occasion, durant ces beaux exercices il ietta l'œil sur Clorisee qu'il n'auoit iamais veuë, & dont il ne sçauoit aucune nouuelle, car celà luy auoit esté teu, & la considera de tel œil qu'il ne se peut tenir qu'il n'exposast son cœur à l'amour pour y mettre l'affectiõ de ce beau suiet. Ce ne fut pas sans considerer en soy-mesme d'où luy venoit ceste amoureuse incommodité pour vne fille, & toutesfois se flattant s'excusa sur ce qu'il en estoit autant aduenu à Clariose, iugeant par là qu'Amour le vouloit exercer de mesme, parquoy il se laissa emporter à ceste affection. Clorisee qui n'auoit encor rien veu qui l'eut esmeuë, sentit vne semblable passion, & s'estonnant en soy-mesme, de ce que ce pouuoit estre, ne sçeut que penser, sinon de se resoudre, que ce n'estoit pas amour, mais vne belle amitié, qui se formoit en leurs ames: Arleon faignit vouloir passer outre, & prendre congé des Dames, mais sa douce conuersation estoit tant aymable, que elles le retindrent: A la fin pressant pour obtenir congé, elles luy demanderent qui l'incitoit à vouloir s'en aller si tost, & comme Clorisee insistoit à ce qu'il fist response, il dit, Il n'est pas possible que ie peusse arrester plus longuement en vn lieu où ie suis affligé sans auoir fait offence. Et qui vous a fasché? luy dit Clorisee. Il respondit, Nul que vous, Belle, qui m'auez tant alienè de moy-mesmes, que ie peris pour l'amour de vous, parquoy ie desire m'esloigner craignãt d'ẽtrer en vn labyrinthe, dont ie ne me demeslerois iamais: Elle luy repliqua, Il n'y a rien tant permis que l'amitié, mais il faut qu'elle soit reiglee, & que rien n'y contredise: autrement les fruicts n'ẽ seroiẽt iamais sauourez. La sœur de l'āciẽne Dame, laquelle est sage & aduisee, oyoit ceste belle cōference, & pource les stimula dauātage en leur gracieuse dispute, telle que bien souuent elle en entendoit sur le suiet de ces poursuites qui se faisoient auec ce que l'honneur permet: Clorisee qui auoit l'ame touchee estoit fort aise du plaisir que sa grand' tante y prenoit: & celà fut conduit si dextrement auec l'insinuatiõ de la fortune des Amans, qu'Arleon fut contraint selon sa volonté de demeurer, & cependant il poursuiuoit son dessein amoureux, & comme il supplioit Clorisee de la douce compassion d'amour. Elle luy dit, Que pretendez-vous pauure Cheualier errant, qui errez encores plus en l'amour? Ie suis touchee de mesme affection que vous, mais inutilemẽt ie le sçay: & vous pauuret qui ne l'entẽdez pas, vous perissez cõme moy malheureusement, taschant à prẽdre racine sans qu'il y ayt esperance de fruit. Mais afin que nous ayons quelque resolutiõ, & que nos esprits ne soiẽt plus lõg tẽps vagãs apres des ideés inutiles, allõs à ma Tãte, qui mettra ordre à ceste fortune, qui possible nous veut gourmãder mal à propos. Estãs deuant la Dame, Clorisee dit, Madame, il faut, s'il vous plaist, qu'auiourd'huy vo⁹ mettiez en repos deux cœurs passiõnez, qui vont errans apres leurs obiets sans les cognoistre: Ce pauure Gentilhõme est touché des pointes d'vn desir qui parauãture est incõsideré, & mõ cœur est esmeu d'vne affection que ie ne puis exprimer, & qui à mon iugemẽt doit estre en fin resoute en parfaite amitié: Ie croy que no⁹ sõmes ainsi que les petits enfans, que la iuste innocence conduit à de petites passions assez pregnantes, & lesquelles l'aage modere: Ce sera vous auec vostre prudence qui moderera nos eslancemens, vous sauez, Madame, ce que ie suis, & le commandement que i'ay eu de le feindre, & pourtant que ce gentilhomme m'aymant, sera fraudé, estant ce que ie suis. Arleon ne pouuant comprendre ces enigmes, accordoit à tout ce que disoit Clorisee, sur quoy la Dame l'appella & le prit à part, luy remonstrant que pour neant il faisoit recherche du sujet desiré, qu'il n'estoit pas ce qu'il pensoit, mais vn beau gentilhomme ainsi deguisé. A ceste parole Arleone faisant vn grand souspir d'aise ambrassa la vieille, Ha Madame, ce dit, quelle heureuse metamorphose me racontez vous, quelles commoditez me presentez vous, quelles abondances de delices, fournissez vous à mes amours? de me dire que ce que i'ayme est ce que ie doy aymer: Madame, si ce beau fils est d'amour, & que sa volonté condescende à nostre prosperité: nous sommes en estat de parfaire nostre bonne fortune, car ie suis ce qu'on a pensé qu'il estoit, puis qu'il est ce qu'ō estimoit que ie fusse: Alors elle luy raconta sa fortune, & ce qui s'estoit passé entre elle & Clariose, & luy disant ses commoditez, sa race & ses desseins, il fut auisé qu'ils changeroyent mutuellement d'habillements, & qu'auec la volonté de la vieille Dame, qui voulut tout ce qui pleut à sa sœur, ils seroyent conioints par mariage ensemble, ce qui fut accompli au grand contentement des Amans, non sans sujet de grande merueille, entre ceux qui les cognoissoyent. Leur felicité fut excellente, mais de peu de duree, car la pauure Arleone aymee, & aymant, mettant vn beau fils au monde, laissa couler son ame, qui s'exala vers le siege de repos, laissant vn regret indicible au desolé Clorisel, qui n'a point voulu en estre consolé: car il s'est retiré en la vie solitaire, ayant basti vn superbe sepulchre à sa chaste Arleone, sur lequel il posa ceste inscription en lettres d'or.

Celuy qui fut les delices de ma Mere, deceue en son amour, est deuenue celle dont i'ay produit lignee. A cause dequoy, & pour si bon effect, i'ay oublié d'estre fille, pour au moyen d'vne tant heureuse metamorphose, estre l'vnique de ma chere moitié, que couure ceste pierre, laquelle i'arrouse de mes larmes, auec des regrets que ie continueray, tant que ie sois reduit à mesme sort: A ce que l'effect d'amour accompli paroisse icy.

Toute ceste auenue est figuree d'vn androgyne mixte, aussi depuis quelques iours Clorisel a esté mis dans ce tombeau selon son ordonnance, & l'a-on orné de plusieurs inscriptions & enigmes representans la plus belle particularité de la plus belle recherche.

DESSEIN DIXIESME.

La Belle figure viuifiee: puis reduite en pierre: ses vertus: la tonnelle d'eau: coulombin signifie constance. Discours du brin apporté à l'Empereur. Le petit endroit du Paradis terrestre, & de ses merueilles.

IL y auoit deux iours que l'Ambassadeur de Boron estoit venu en Nabadõce vers le Roy, pour le prier sur le sujet de la perte d'Etherine, à ce qu'il y eut moyen, de la chercher en ses terres & pais de son obeissance, & d'auantage cét Ambassadeur auoit charge de s'enquerir sous le bon plaisir du Roy, ce qui estoit de la belle figure, dont il s'estoit enquis en Sympsiquee, & auoit esté remis à l'hermitage d'Honneur, où elle auoit esté transferee. Les Princes ayans esté presens aux propositions de l'Ambassadeur, auiserét ensemble ce qu'il falloit faire, à ce que l'Empereur n'en sceut rien, parquoy apres y auoir pensé, ils en auertirent le Roy leur pere, qui desia informé de tout, remit cét affaire és mains de ses enfans, faisant response gracieuse & agreable à l'Ambassadeur, lequel adressé aux Princes, fut resolu de ce qu'il pretendoit, & auerti de ce qu'il faloit dire, & estãt cõduit par eux, veint en la sale où estoit l'Empereur, presque à l'instãt que Melisse acheuoit sõ histoire. Estans entrez, l'Ambassadeur fit la reuerence à l'Empereur, & selõ l'induction des Princes, luy fit l'honneste harangue, qui tendoit à ce qu'il pleut à sa Majesté, que le Roy son maistre Prince de l'Isle lointaine, fut acertené de ce qui estoit de la belle Figure, pour auoir resolution de ce qu'il falloit faire pour dignement accomplir le voyage d'amour. L'Empereur le receut auec toute courtoisie, & pria les Princes de l'addresser à la Souueraine, & aux Sages pour le satisfaire selon les loix. Parquoy les Princes le menerent en la sale du Palais de la Souueraine où estoit le sage Sarmedoxe, auquel ayãs parlé, il s'expliqua ainsi à cét Ambassadeur. L'estat de la Belle figure a autrefois esté raconté, lors que les auãtures amoureuses de la belle Herodias auec Herode, ont passé par les bouches de ceux qui les recitoyent, apres l'histoire, qui ces ans passez vous a esté exposee. En ces discours, il est deduit comme la belle Cleomire Iuiue, fut transmuee en pierre en la chambre d'Herodias, apres auoir aualé la liqueur de Feudas, & comme plusieurs auantures & rencontres differentes, auindrent à ceste bonne image naturelle, qui a couru beaucoup de dangers, estant transportee de lieu en lieu, iusques a ce que le Roy de Sympsiquee l'alla vaillamment conquerir, & l'enleua du lieu où elle fut laissee, apres auoir esté emportee du nauire qui la trãsportoit, & est demeuree plusieurs siecles en l'Isle de ce bon Roy; dõt nostre Souueraine l'a recouurce, selon les accords faits entre les Roys de ce pais & de Sympsiquee, & a esté posee en cét Hermitage d'honneur, où nous la conseruons, & est auenu que nostre Roy, à cause de sa vertueuse courtoisie vers le Sage, a receu du grãd & liberal Roy Eumeneste le Sage, l'vnguent Anastasin, dequoy sa Majesté m'a commandé faire essay, ce que ie fis en la presence de la Souueraine & grand nombre de gens de bien & d'honneur : dont la plus-part estoyent doctes, ce fut en ceste sorte. Estant en la sale des secrets, ie fis mettre la belle figure sur le lict verd, & luy frotté l'eschine & le col d'vn peu de cét vnguẽt, & lui en mis en la regiõ du cœur, aux poulx & en la partie desirable, puis en moins de cinq heures, la belle fut reueillee & toute remise, aussi tost on luy dõna vn beau linge pour la couurir, adonc se recognoissant & comme sortant d'vn grand sommeil, se mit à nous regarder: Cecy fut autant esmerueilleux à voir, que magnifique à raconter: Elle reprit le naturel de viue personne, nous la vismes belle & viue se remuer, & faire quelques belles functions, les dames presentes tirerent vn rideau, & s'aprochans d'elle virent qu'elle auoit desir de faire de l'eau, & elles lui presenterent vn porfire, où elle en fit enuiron vne liure qui est reseruee, incontinẽt elle se souleua, & de sa main tirant le rideau, nous parut à tous en estat vif, alors deserrant le mignon coural de ses leures, profera quelques paroles notables escrites au liure vnique, apres quoy se relaissant sur le lit, elle laissa aller vn peu de douces plaintes, lesquelles finissant ceste petite vie aussi cessa, & ainsi disant adieu à la lumiere fut reduite en la forme de pierre, dont nagueres elle estoit sortie, & son ame qui si longuement auoit esté tenue prisonniere en ce dur habitacle, toute legere se glissa delicatement, & se retirant en son lieu destiné laissa ce beau corps en la parfaite solidité que l'on le void encores, & est conserué comme vne des meilleures merueilles de ceans, estant la plus accomplie piece, existante naturelle contre nature, & qui par obseruation recueillie a vne remarquable vertu, pour laquelle elle est nommee, La preuue des cœurs: car s'il se presente vne personne qui ait le cœur feint en ses affections, & qu'elle approche du cercle qui est à cinq pieds distant de la figure, on la verra ceste personne là blesmir, & si tost qu'elle sera dedans, elle paroistra de couleur au visage, comme le faux or trop bas, ce qui durera tousiours si elle ne se bagne ou laue en la fontaine des Amoureux, qui est en Glindicee, & faut que ce lauement soit accompaigné de deuë repentance: Si quelqu'vn a eu plusieurs maistresses, ou vne Dame plusieurs seruiteurs contre la loy, ayant vescu en inconstance il paroistra autour de ceste personne là autant d'ombres tristes, & ainsi la verité se manifeste: Il est vray que si vne personne amante se presente, & que par la faute propre de sa partie, il y a du changement ou de l'eslongnemẽt, il paroistra vn ombre qui soudain s'esuanouira: Ceci est commun à tous, car il est raisonnable, que qui ne demeure ferme en ce qu'il a iuré, soit oublié, afin qu'vn autre ait le contentement de l'amitié d'vn courage de merite. Bref icy est recognue la sincerité des cœurs. Et si durant cét anniuersaire, les amans veulent faire demonstration de ce qu'ils sont, le temps de la belle figure sera la semaine prochaine où l'autre d'apres, selon les affaires, adonques les excellences de ses merueilles paroistront. Cét Ambassadeur ayant ouy cela remercia le bon homme, & s'en retourna auec les Princes qui l'acertenerent de la prosperité d'Etherine, parquoy ayant rendu graces au Roy, reprit son chemin, auec du contentement & des presens.

Sarmedoxe estant retourné vers l'Empereur, luy raconta ce qu'il auoit dit à cét Ambassadeur, dont il luy prit enuie de voir ceste belle figure, mais le Sage le remit au temps qu'il conuenoit, ce que sa majesté eut agreable, oyant les raisons dont on le satisfit: & pour acheuer le iour auec grace, Sarmedoxe le conduisit à la fontaine, Pidaxebe dont la merueille est grande, car la vraye source en est au Royaume de Claura, & toutesfois par sous les terres & les mers, elle vient icy coulāt en vn vif ruisseau, qui se poussant en haut, est par industrie si nettement rabbatu, que l'eau se relaissant cheoir vniment, fait vne belle tonnelle, qui represente l'arc du ciel quand le Soleil y donne. Par dessous il y a vne petite arche par laquelle on y entre. L'Empereur proche de ceste tonnelle: dont la voute de l'eau est de l'espoisseur de trois lignes, s'esmerueille de ceste belle construction: puis regardant attentiuement, il y void des ieunes hommes entretenans des Nymfes, & entre autres, il y en a vn qui ioüe d'vne lyre, auec le son de laquelle il lui oyoit proferer d'vne belle voix ces paroles.

Le colombin Constance.

Soleil de nos espris amour qui viuifies
Les cœurs illuminez de tes rayons heureux,

Qui rends pour ton plaisir les ames accomplies,
En ordonnant leur forme au dessein de tes feux.
Autant que i'ay d'amour donne moy de constance
Pour chanter le merite, & la grace & l'honneur
Du symbole parfait de la saincte constance,
Que ma maistresse oblige à sa belle couleur.
Sa constance me soit l'auantageux modelle
Que i'imite en mes faits ainsi qu'en mes discours
Et qu'elle croye aussi que ie luy suis fidele
Autant que ie la croy constante en ses amours.
Constance nourriture eternelle des ames
Qui cherchent en aymant de meriter le prix,
Asseurance d'espoir entretien de nos flames,
Tu conioints les pensers vnissans les esprits.
Vnique liaison des courages fideles,
De l'amour acompli l'effait plus glorieux,
Sous la belle couleur des chastes coulombelles
Ma belle te cherit au plaisir de ses yeux.
Coulombin agreable aux yeux de ma maistresse,
Tousiours mesme & constant en ton esclat heureux,
Tels sont les beaux oyseaux que tousiours l'amour blesse,
Pour l'vnique suiet de leur cœur amoureux.
Couleur en ta beauté iustement ordonnee
Sans vieillir par les ans, ny changer par saison,
Tu es belle auiourd'huy comme quād tu fus nee,
Pour nous signifier constāce par raison.
En quelque endroit qu'Amour ayt monstré sa puissance,
On n'a iamais cognu d'entiere affection
Qu'aux coulōbes qui ont de l'amoureuse essence,
Doucement resuccé toute perfection.
Leurs baisers amoureux où l'amour renouuelle

sans

Sans s'esteindre iamais, son plus ardent brasier.
Monstrẽt que n'estimãs autre amitié plus belle,
Se tienent sans changer à leur suiet premier.
Tout ainsi qu'elles sont d'amour entretenues,
Que leur fidelité se maintient constamment,
Sans changer elles sont de constance vestues,
Couurant leur loyauté sous leur beau parement.
Et pource coulombin gloire de ma pensee,
Lors que de ton honneur ie me repareray,
On verra que i'auray tousiours l'ame addressee
A l'vnique constance autant que ie viuray.
I'auray ceste couleur pour obiet agreable,
Et ie ne penseray viure que pour l'aymer,
Tout autre est sans dessein & partant perissable,
Et pres de ceste cy ne se doit estimer.
Coulombes qui tousiours chastes, humbles, constãtes,
Voletez auec l'aer de vos affections,
Loyalles tout autant qu'estes d'amour brillantes,
Fauorisés les vœux de mes conceptions.
Et toy prince des cœurs de qui la douce mere
Se laisse transporter à ces chastes oyseaux,
Fay que mon ame soit aymant autant entiere
Que tes plaisirs sont doux & tes effaits sõt beaux.
Viue le coulombin puis qu'il me signifie
La constance en amour: Aussi bien autrement
On ne peut sauourer vne amoureuse vie,
N'y recueillir les fruits d'vn vray contentemẽt.
Belle qui m'as reduit à te faire seruice,
Si ta couleur te plaist & la constance aussi,
Prens plaisir que mon cœur constãment t'obeisse,
C'est mon hõneur, mõ bien, mon espoir, mõ soucy.

Le canal d'autour la tonnelle ne s'emplissoit point, & l'eau couloit incessamment, à quoy l'Empereur prit vn peu garde, mais il auoit intention d'entrer là, parquoy il dit à Sarmedoxe. Mon pere, si ie passe à trauers ceste eau pour aller où sont ces Nymfes, offenceray-ie? SARMEDOXE. Non, Sire, mais vous seriés mouillé, & feriés solution de continuité pour vn temps, il vaut mieux que vous y entriés par la petite entree, afin que toutes nos actions suyuent la regle parfaite. L'Empereur qui auoit resigné sa volonté aux institutions de l'obeissance, obeit au sage, & veint en la tonnelle, & y vid de pres à son plaisir ce qu'elle contenoit. Cependant qu'il s'y delectoit, il suruint vn des Princes qui l'aduertit d'vne belle auanture: C'est qu'il y auoit en la sale vn nouueau venu, qui luy apportoit vn brin du grand coagule, qui distile de l'arbre: dont est produit le fruict qui nourrit la Nymfe Xyrile, à ceste nouuelle l'Empereur retourna aussi tost, & le gentilhomme nouuellement arriué luy fut presenté qui luy ayant fait la reuerence luy dit, Sire, le desir d'estre du nombre de l'heureuse troupe, qui s'est mise en queste de la Belle Xyrile, me fit assembler six de mes amis, pour tous ensemble nous ranger auec ces voyageurs. Nous fismes estat de tout ce qui estoit necessaire: mais nous n'arriuasmes pas assez tost, si que le vaisseau où s'estoyent mis ces beaux esprits, auoit desia leué les voiles. Pour cela nous ne perdimes point courage: car nous poursuiuismes chemin, tant qu'il nous fut possible, & nous estans fait mutuelle promesse de ne nous abandonner iamais l'vn l'autre, auons ensemble veu plusieurs regions, & contrees, aussi sans crainte ne trauail & incommodité, nostre entreprise a reussi à telle fin que ie vous declareray. Apres auoir esté long temps sur mer, vn peu las de la marine, nous prismes port en vn haure de Perse, & nous veint à plaisir de quitter l'Ocean pour voyager sur le sec, & pres des riuieres, & en ceste deliberation tirans païs, nous nous trouuasmes à l'endroit où le Tigris entre dans l'Eufrates, approchans de là, nous ouïsmes derriere nous vn grand bruit de sifflemens diuers & espouuãtables, & nous retirãs, vismes des serpẽs de toutes sortes & grãdeurs, qui s'auançoyẽt à nous, ce fut là vne de nos peurs plus exactes, car de resister il n'y auoit point d'ordre, & encore moins d'apparence de se sauuer à la fuite, car au pris que nous fuyons ils faisoyẽt de grands allongemens, en fin cõme desesperez, ne recherchans plus que le retardement du trespas, nous hastasmes le pas auec telle diligence, que nous entrasmes en vn espace fort beau, que nous ne discernasmes qu'apres, venus, là recreus, & deliberez de mourir, nous nous iettasmes vers les beaux arbres, & nous barricadans d'eux, eusmes recours à nos espees, pour tuer en mourant. Mais il ne nous en fut point besoin, d'autant que ces serpens qui glissoyent de grand roideur à nous, demeurerent derriere, sans plus passer outre, bien s'esleuoyent-ils en haut, & à la foule s'amassoiẽt espouuantablement, nostre peur fut changee en admiration, voyans que ces meschans animaux ne passoyent point, & puis nous les vismes s'en retourner comme vn flus de maree, cela nous donna occasion d'asseurance, si que nous continuasmes nostre chemin, iusques sous des arbres fort beaux, & dont l'agreable ombrage nous inuitoit au repos, que nous y prismes doucement, & auec telle delectation, que iamais nos esprits ne furent si contans, & de fait en ceste belle contree, nous remarquasmes tant de beautez que nous en estions esmerueillez: en ce pensement & repos, il nous prit vn doux sommeil, & nous endormismes, de dire combien d'heures, nous ne sçauons, tant mesmes le dormir nous fut plaisant: Au réueil, chacun racontant les beautez de son songe, nous deliberasmes de les rememorer, & de fait nous en auons fait estat, pour en rendre conte vn iour en l'hermitage d'Honneur, ou chacun de nous doit apporter le sien graué en lames d'or. Réueillez, nous nous promenasmes par ce beau lieu, cherchans si nous y verrions quelque chose de remarque, passans par dessous des cedres, nous visines vn personnage qui sembloit sortir de terre, cét homme nous ayant veu, veint à nous, & nous demanda qui nous estions, ce fut auec vne façon tant pleine de majesté venerable & de douceur, qu'incontinant le saluant & lui faisant la reuerence, nous luy deduisimes les affaires de nostre fortune: Ce bon pere sembloit estre trop vieil & de grand âge, estre decrepit & abatu, & toutesfois il cheminoit droit, & parloit sagement, & nous ayant ouïs nous fit vn bon recueil, & pria d'entrer en son antre. Il est vray, nous visines vne des merueilles du monde, la grotte de la Fee Romande, amye de Floride n'est rien au pris, les excellentes salles de Fees n'en approchent point, & les tabernacles des Sybiles n'entrent point en comparaison auec cettuy-ci qui les surpasse de tout en tout. Nous hebergeasmes là pour le reste de ce iour & de la nuict, auec vn plaisir égal à celuy, qu'ont ceux qui sont contens: Si ie pouuois me souuenir des bons propos du sage vieillard, ie serois le plus heureux du monde, & aurois dequoy contenter les plus difficiles esprits : Ce bon homme ne voulut pas nous faire la courtoisie à demy : car nous ayant deduit par discours tout ce qu'il y a de plus beau en la conqueste que nous auions entreprise, nous mena de bon matin au verger d'Amour, ainsi est nommé son iardin, & là nous monstra le grand vegetable cultiué, & puis le bon Coagule vniuersel, dont il nous donna quelques brins, apres quoy il nous mit en nostre chemin, nous donnant sa benediction, l'ayant humblement remercié nous poursuiuismes nos voyes, & vinmes loger au soir, en vn village eslongné à nostre auis : car nous fismes assez de chemin pour estre las, & cognoistre le destour que nous auions fait, il est vray que marchans en la vertu du repos & aise que nous auions eu, il ne nous estoit point auis que nous nous lassions beaucoup, ioint que l'aise d'auoir participé au grand bien nous transportoit, & n'eumes point le propre auis de nostre lassitude, qu'au soir, à l'esloignement de ce lieu tant gracieux. Apres que nous fusmes vn peu reposez, nous racontasmes à ceux du païs l'auanture des serpens, & comme nous auions passé par ce lieu de delices, taisans le bien que nous en raportions: ces bonnes personnes qui nous ouyrẽt faire ces discours s'esmerueillerent, & nous dirent qu'il y auoit beaucoup de temps que ceste rencontre n'auoit esté, & que cela auenoit fort rarement : Ils nous dirent bien d'autres merueilles que nous ne sauions pas, & que de pere en fils, ils auoyent receues estre en ceste petite partie de terres : cela nous vint au cœur d'y retourner, car nous pensions qu'aisément nous le pourrions, parquoy ayans auisé ensemble de ce que nous deuions faire, nous nous mismes en deuoir d'executer ceste entreprise, & de fait nous auons mis tout deuoir de nous en ecclaircir, pour acumuler plaisir sur plaisir, mais il est auenu au rebours, d'autant que nous auons amassé douleur auec peine, sans fruict profitable: parce que nous auons ou tournoyé, ou passé aupres, ou costoyé sur nos premieres erres, comme il nous est auis, & cependant n'auons rien gaigné, n'ayans peu iamais retrouuer ce lieu tant desirable. Et pource que nous desirions que nostre peine nous fut vtile, nous nous sommes auisez de nous separer, pour chercher ceste petite contree, ce qui a esté fait, mais auec promesse mutuelle de nous rendre icy à ce grand anniuersaire: soit que nous eussions rencontré ou non. Dés l'heure nous prismes chacun son canton, ie ne scay qu'ont fait les autres, quant à moy ie n'ay peu rencontrer, & n'ay eu aucune nouuelle d'aucun de mes compaignons, bien que i'aye repassé par le vilage où nous auions logé ensemble la premiere fois, apres nostre issue de ce bon lieu, là me reposant & attendant quelques iours, i'appris que ce destroit de terres où nous auions eu tant de plaisir, estoit du paradis ou iardin d'Eden, où personne ne peut entrer par dessein: Si nous eussions pris garde à ce que l'on nous en disoit en ce village, nous l'eussions sceu dés que nous y vinmes l'autre fois, mais nous auions tant de presomption à cause de nostre bonne rencontre, qu'inconsiderément sans prendre garde à conseil ou auis, nous suyuismes nostre opinion, apres laquelle & que i'ay appris ce qui en est, i'ay quitté ceste affaire, iusques à vne autre fois, & selon ma promesse suis venu à cét anniuersaire vous aportant, Sire, de ceste rareté, que i'ay obtenue plus par bonne fortune que par prudence, & la vous offre en vœu, que i'appens au pieds d'Amour en cét Hermitage, où i'espere vn iour venir auec ma maistresse, pour y receuoir arrest selon mes merites amoureux. L'Empereur receut ce rare ioyau qu'il recognut d'vn present qui le surmontoit, non en valeur, ains en prix: l'intention du gentilhomme estoit de le presenter au Roy: mais les Princes l'auoyent ainsi addressé, pour de plus en plus honorer & obliger l'Empereur. Ces rencontres resiouissoyent l'Empereur qui se sentoit alegé, & mesmes ses hypocondres n'estoyent plus si tendus, & sa durté de rate s'amoindrissoit, si qu'il y auoit esperance de mieux.

DESSEIN VNZIESME.

Belles pointes d'amour. Reuers contre les ames qui deſpriſent les belles promptitudes. Amours galans de Voſolint & de la petite Floride. Traict ſur le ſujet d'vn miroir. Paſſions amoureuſes ſur le ſuiet d'vn crayon.

LA lieſſe eſtoit fortifiee en l'hermitage, tant à cauſe des belles auantures qui ſ'y acheuoyent que pour la ioye que l'Empereur en receuoit, laquelle ſe meſloit tellement és eſprits de tous, que la pure lieſſe en treſſailloit. En ceſte commune alegreſſe le iour eſtant reuenu ce Monarque fut conduit au quatrieſme palais, qui eſtoit natté par tout, & luy & ſes gens par l'ordre que les Princes y auoyent continuee, veſtu de draps de couleur de iaune paillé ſelon la couleur attribuee à Iupiter. L'Empereur aſſis & les aimans appellez, voicy vn qui ſe preſenta aſſez hagardement, & dit, Sire, voila vne belle que ie vous prie de iuger ſelon voſtre equité, à ce qu'elle reſſente le mal qu'elle m'a fait ſouffrir en la ſeruant. Acheuant ceſte parole la muſique preſte, ſouſpira auec l'épinette, l'ær que cét amant auoit le premier aſſemblé pour proteſter de ſon amour à ſa Dame.

Il eſt vray, c'eſt Amour qui force mon courage,
Ie forcene apres l'ær de vos perfections:

Mon cœur est emporté par le venteux nuage,
Qui l'esleue par vous sur ses affections.
Vous le cognoissez bien, car vous en faites gloire,
Et vous me gourmandez sans en faire semblant,
Et pour me pointiller vous me faites accroire,
Que vous allez pour moi quelque amour assemblant.

C'est comme il faut leurrer les ames ignorantes,
Pour les façoner mieux aux desseins amoureux,
Mais de traitter ainsi les pensees sçauantes,
Ma belle le hazard en est trop dangereux.

Non, non, ne pensez pas que vous soiez si belle,
Que ie ne puisse bien n'aimer pas vos beautez,
Mais ie vous veux aimer pour paroistre fidele,
Et que braue ie suis Roi de mes volontez.

Viuez si vous voulez auec tout artifice,
Ou passez doucement vos diuerses humeurs,
Ie le cognoistray bien, car i'ay faict exercice
Sous l'estendart d'amour pour cognoistre les cœurs.

Tant qu'vne belle humeur vous rendra desirable,
I'obligeray mon cœur au seruice voué,
Mais si vous oubliez ceste grace agreable,
Ie dirai Pour neant, comme m'estant ioué.

Puis vn iour vous disiez que vostre ame galante
Ne se soucioit plus de ce que vous sçauiez,
C'est fait, me voilà donc priué de mon attente,
Car vous sçauiez desia que vous me possediez.

Aussi ce n'est pas vous que mon esprit honore,
Mais la belle vertu compaigne de vos mœurs,
C'est celle qu'en vos yeux deuotieux i'adore,
Vos vertus sont l'obiet de mes viues ardeurs.

Ie suis tout de courage, & vous toute accomplie,

Vous meritez beaucoup, ie suis presomptueux,
Si vous faites estat des deuoirs de ma vie,
Vous aurez de la gloire en me rendant heureux.

Les Musiciens prenans plaisir à bien reciter ces vers, l'Amant qui auoit la voix bonne, les aydoit, & puis s'approchant de la petite Floride sa Maistresse, luy dit: C'est ainsi que la grandeur de mon courage s'establit en vous voulant faire seruice: Elle luy dit, A la verité, Vosolint, vous commencez par vne brauade qui n'est point mauuaise: Estiez-vous de ceste humeur quand esperant aupres de moy vous attiriez mes volontez par l'humble artifice de vos souspirs? Il vouloit prendre le fil de ce discours, & parler, que Gnorise entrant ces Amans changerent de geste & de propos, tous deux, & selon l'vsage de ceans la ceremonie faite, Vosolint auec vn respect de belle sorte, se vint presenter à la Belle, luy disant, Vous sçauez, Mademoiselle, que ie suis à vous, & pource ie vous prie me faire l'honneur de me donner vn tesmoignage, que vous prenez plaisir que ceste fortune me gouuerne: Commandez-moy doncques quelque chose pour vostre seruice. FLORIDE, Vous auez assez de perfections pour trouuer l'occasion de ce que vous pretendez. VOSOLINT. Mais ie vous prie m'en donner vn suiet, afin que i'aye ceste gloire que ie m'employe par vostre commandement. FLORIDE. Ne laissez pas de vous aduancer à quelque bel effet, encores que ie ne vous en donne point de suiect. VOSOLINT. Donnez-m'en doncques loisir. FLORIDE. Il n'en faut point à ceux qui ayment bien: car l'Amour leur suggere à l'instant qu'il leur est necessaire. A ceste parole il s'arresta comme pensif, fit quelques pas du costé de la barre des assistans, puis allant au chœur des Chantres il prit vne Viole, & reuint en sa place pres Floride, & accorda sa voix auec l'instrument pour chanter.

Où sont ces beaux esprits qui auront la puissance
D'exciter vn suiet n'en aiant point suiet,
Qui pourroient susciter vne nouuelle essence,
Laquelle sans dessein formeroit vn proiet?
Il ne s'en trouue plus, & n'est mortel au monde
Qui soit tant releué sur la perfection,
Il n'y a fantaisie entre nous si faconde,
Qui puisse ainsi tourner sa belle inuention,
Les esprits de iadis, ces admirables ames
Ont tout dit, ont tout fait, ne nous ont rien laissé,
Car tout fut consommé par les premieres flames,
Que mirẽt les beaux cœurs aux beautez du passé.
Mais ne recherchons plus ceste idee premiere
De la vieille beauté, tromperesse des yeux,
Parmi nos beaux flambeaux, vne belle lumiere
Rend biẽ vn autre esclat qui fait encores mieux.
Ses feux sont feux nouueaux, nouuelles estincelles,
Et nouueaux cœurs viendront ici se consommer.
Nouueaux effets sõt faits par des causes nouuelles.
Contre l'estat formant rien ne doit presumer,
Je l'ai veue ainsi belle, il faut que ie la suiue,
Il me faut à ses yeux renouueller mon cœur,
Ceste rare beauté qui veut que mon cœur viue,
Pour des suiets nouueaux me preste sa faueur.
Mon doux obiet d'esprit, doux suiet de ma vie,
Puis qu'il vous est à gré de m'auoir arresté,

Vous serez en mes vœux tant saintement seruie,
Que vous ferez estat de ma fidelité.

Vous estes mon Soleil, il faut que ie m'addresse
Aux biē-heureux sentiers où vo⁹ m'esclairerez,
Et vous recognoissant fauorable Maistresse,
Humble i'obeirai, car vous commanderez.

Ainsi mille suiets naistront dedans mon ame,
On verra tout nouueau dans mes conceptions,
Et gouuerné par l'œil d'vne si belle Dame,
On me verra brauer en mes inuentions.

Il y a tousiours des esprits qui se troublent pour l'excellence des autres, ce qui se void & practique maintenant en cecy, car encores que la perfection d'amour & de gentillesse d'esprit y reluyse: toutesfois la malignité naturelle non bien esteinte és cœurs de quelques nouueaux venus, & non encores bien instruicts és maximes & loix vertueuses de l'Hermitage, causa que certaines Dames & autres en ceste assemblee, au lieu de gratifier cest amant, & priser sa dexterité & promptitude, se mirent à en traicter vne petite enuie, disans ensemble, qu'il auoit bien premedité ces couplets. Vosolint qui les entendit se retourna, & comme en cholere dit au trouble où son cœur estoit: Si les leures qui proferent ceste malignité estoiēt de personnes qui fissent profession de l'honneur que l'on debat par l'espee, ie tascherois d'obtenir presentement de ce iuste Empereur congé de faire voir que les armes me sont autant, voire plus familiaires que le discours qui m'est si doucement infusé par la beauté que i'honore, qu'encores que ie ne sois point payé pour dire, ie ne veux pourtãt laisser de tascher à y exceller, pour faire paroistre la viue ardeur de mes galantes amours en la verité de mes affectiõs, sans lesquelles ie ne pourrois ny me soucierois d'assembler deux seules paroles, aussi ie n'ẽ fais que pour mon plaisir & le sien. Mais pource que ce sont Dames qui me veulent rabaisser deuant ma maistresse, ie leur veux faire paroistre que les belles rencontres de discours croissent en ma bouche cõme les flames amoureuses naissent incessamment en mon cœur. Belles qui depeschez si tost ceux qui ne vous ont point offencé, nouices en ceste heureuse maison oyez moy en ce petit dépit qui vous picquera iusques au sentiment de vostre malignité.

GRACES, ne faites plus aux vostres de faueurs,
Puis qu'on n'estime pas vostre douce influence,
Ne nous esmouuez plus de vos belles fureurs,
Si le mespris en fin en est la recompense.
Beaux esprits qui iugez des belles actions,
Au moins si vous iugez, que ce soit en droiture,
Quand vous estimerez de nos esmotions,
Cognoissez que'lles sont au dessus de Nature.
Les grands cœurs releuez de leurs suiets d'honneur,
Ne songent pas long temps les traicts de leur ouurage,
Aussi tost que la cause espoinçonne leur cœur,
On voit tout aussi tost l'effet de leur courage.
Puis les traicts par longueur de trauail affectez,
Ne sont point tãt naifs qu'vne pointe soudaine,
Les beaux vers ne sõt point mignõnemẽt traitez
Quand le tẽps par labeur les arrache à la peine.

Or iugez beaux esprits ainsi qu'il vous plaira;
Si suyuray-ie tousiours mon humeur desirable;
Ie feray tout ainsi que mon cœur le dira,
Plus prompt est vn effet plus il est agreable.

Ce petit excez d'entendement m'a tiré d'aupres de ma maistresse: Mais belle ayez-en le plaisir, car c'est vous qui estes cause du bien que ie fay, aussi ie me promets qu'il faut que vos belles graces me gratifient de ce qu'vn amant merite. FLORIDE. I'ay autrefois ouy raconter des amours & entendu faire des recits de recherches de ceux qui s'addonnent au seruice de quelques Dames, mais ie n'ay iamais rien ouy ny pensé, ny recogneu semblable à vos comportemens. VOSOLINT. Ie sçay bien que vous m'estimerez presomptueux. Et i'ayme beaucoup mieux, que ceste opinion se leue en vostre ame pour mon suiet, que la pensee contraire qui vous feroit croire que ie n'aurois pas l'asseurance de tenter vne si aduantageuse fortune: Or ie puis dignement vous protester du desir que i'ay à vous seruir, & le vous faire paroistre, vos perfections m'y contraignent, & i'y suis forcé par ma valeur: car i'ay trop de courage pour manquer à ce beau deuoir. Plus l'aduanture est grande & notable, & plus faut de magnanimité pour s'y hazarder, cognoissant vos merites, ie presume heureusement m'égaler en desirs pour vous faire preuue du zele que i'ay à vous aymer & honorer. Le temps & vostre volonté en tireront les demonstrations certaines, par lesquelles vous entendrez la verité de mon obeissance, & puis vaincuë par mon humilité, vous m'accepterez. FLORIDE. Vos merites me persuadent assez à vous vouloir du bien, & ie desire me maintenir en ceste grace de bon-heur, que ie croy auoir en vous possedant. Mais comment sçauray-ie si vous me serez fidele? VOSOLINT. Par le tesmoignage de vostre cœur qui le iugera, & afin qu'il soit vray, donnez-moy vne alliance. FLORIDE. Demandez-la. VOSOLINT. Soyez ma lumiere. FLORIDE. Que dira nostre belle pucelle tant vaillante, si nous empruntons l'alliance qu'elle a auec son seruiteur? VOSOLINT. Elle en sera plus glorieuse d'estre imitee, & puis le mesme esprit qui faisoit ceste alliance, est celuy qui nous agite. D'auantage souuent les belles repetitions des circonstances d'Amour sont agreables à ceux qui en sentent les pointes de douceur en leurs ames. FLORIDE. Ie veux doncques bien ce que vous me demandez, mais il y va de nostre reputation, n'ayant rien sçeu inuenter de nouueau. VOSOLINT. Le destin nous contrainct à ceste action qui ne peut autrement estre. FLOR. Bien donc, mais que me serez-vous? VOSOLINT. Ce qu'il faut. FLOR. Suyuant ceste belle amante ie vous diray que n'y ayant au monde qu'vne lumiere, si ie suis seule Dame de vostre cœur, il cõuient que vous soyez aussi mon vnique. VOSOL. I'ay obtenu ce que ie desirois, aussi vous sçauez que ie ne souhaite que ce que l'honneur veut, & depuis le temps que i'ay eu l'honneur de vous frequenter, ie n'ay vsé de moyen que de celuy que la vertu nous establit, suiuant lequel ie seray tousiours à vous. FLORIDE. Aymez-moy doncques, & tout ainsi que la lumiere esclaire sans feinte, rendez-y le reciproque, & aduisez qu'il n'y ayt point de fraude en vostre esprit, autrement i'auray regret de vous auoir affectionné: Et scachez que l'amitié d'vne ame innocente est la plus heureuse fortune qui puisse eschoir à vn bel entendement, & faites que ie vous trouue tousiours égal à vous-mesmes, sans tacher ceste belle reputation que vous voulez acheuer d'imprimer en mō ame. VOSOLINT. Ma lumiere, ainsi vous puis-ie nommer, tant pour nostre iuste alliance, que pour le secret instinct dont vous luisez en mon cœur, qui ne reçoit autre espoir de vie, que ce qu'il vous plaist luy en departir. Ma lumiere doncques ie vous ouure icy mon courage. Ie vous supplie de supporter les deffauts que quelques fois l'apparence pourroit faire estimer estre en ce qui est de mon deuoir, & quoy que ce soit, croire qu'il n'y aura momēt que ie ne medite apres les meilleurs desirs qui me sollicitent à vous faire voir ma fidelité, qui ne diminuera iamais. Ie scay, & i'espere qu'il ne se trouuera aucun desordre par mon erreur expres, en la fortune que ie tente en vous seruant: Ce que vous iugerez, cognoissant que vous ne m'auez dit parole que ie n'aye cifelee en mon cœur, dont les conceptions vous seront tousiours manifestes : vos discours me sont des Oracles, que ie tiens & tiendray tousiours pour les loix de mon ame, & ce que par elles i'apprendray de vos desseins, est l'estat sur lequel ie veux donner regle à mes volontez.

Si ie n'estois point vostre seruiteur, ie viurois auec vous à l'auanture: mais l'honneur que ie porte à ce que ie sers, auec tant de parfaictes affections, me retient & conduit selon vos ordonnances, en l'amour, au respect, & en l'apparence qui me gouuernent. Ie m'asseure que continuant, vous me trouuerez aussi accompli en ces effects, que le doit estre celuy qui veut obtenir vne fin heureuse de la seruitude agreable où l'amour l'engage. Cependant ma vehemente affection paroistra toute moderee, afin qu'elle ne soit cognuë que de vous seule. Le respect me conduira pour apprendre l'ordre de mon deuoir à ce que ie vous serue opportunément. Et mon esperance qui se veut establir vn fidele arrest, me fera temporiser iusques à l'heure que ie receuray de vous l'arrest de mon bien: Aussi ie vous prie auiser à l'equité de mes pretentions, estant certaine de ma loyauté, qui par le temps vous sera encor plus apparente; car autant que i'auray de vie, de courage, & de belles pensees, ie m'occuperay aux desseins de valleur qui me poussent à la gloire entiere de la perseuerance. Et estant vostre vnique, ie seray vnique en braues actions, qui tesmoigneront mes legitimes amours, pour lesquelles ie feray de si belles entreprises, qu'il en naistra vn remarquable fruict, & l'integrité de ma foy vous en rendra preuue veritable. C'est ce que ie pretens, c'est ce que ie desire: Et au bon propos de ceste verité, ie vous supplie, si ie merite quelque grace, vous ayant pour but de parfaicts desirs, que ie ne sois point frustré de l'espoir qui fait que ie ne pourray iamais estre à autre qu'à vous, qui estes l'eternelle lumiere de ma vie. FLORIDE. Mon vnique, ie ne vous priueray iamais du contentement que ie desire pour moy-mesme, tous ces beaux discours ne sõt point la liaison de nostre amitié, il faut qu'vne belle perseuerance nous vnisse, & s'il n'y a que moy à rompre ce beau lien qui nous enlace si doucement, il faut que vous soyez asseuré que iamais il n'en viendra faute, ie veux que vous le croyez. Et bien que ces iours passez i'aye eu quelque froideur contre vous, ce n'a pas esté pour esteindre les flames de nostre amour, vous le sçauez bien, ce n'estoit qu'vne goutelette d'eau pour les esmouuoir & viuifier : & puis pour vous tesmoigner que ie desirois qu'il n'y eust entre nous que perfection de bonne volonté, & que vous peussiez lire en mon ame, ie desfis expres la glace de mon miroir, & comme si c'eust esté par fortune que cela fust auenu, ie vous baillé le Miroir & vous prié de le faire racoutrer. VOSOLINT. Ce me fut vn traict fort fauorable, car i'auois eu grand ennuy de ceste similitude de disgrace, dont pourtant ie n'auois pas peur, d'autant que i'auois le cœur innocent, sçachant n'auoir point faict de faute, i'en eu toutesfois vn si grand desplaisir, que i'estois sur le poinct d'entrer en desespoir, cholere d'estre puni sans auoir mesfaict, & vous qui auez du iugement y prouueustes par ce bel artifice, me mettant en main vostre miroir pour le racoutrer, & par mesme moyen de consoler mon ame, alors ie vous rendis ceste offrande auec vostre miroir.

Quand vous considerez en ceste claire glace
De vos perfections les belles raretez,
Non, vous n'y voyez point ceste parfaite grace
Que tout œil recognoist aux traicts de vos beautez.

Dequoy vous peut seruir de sçauoir estre belle?
C'est cela que sans plus vous monstre le miroir,
Mais dans le cœur amant qui vous est tout fidele
Vous verrez vos beautez pour sçauoir leur pouuoir.

Vostre œil beau roy des yeux ne se deuroit pas plaire
Au rapport des miroirs bien souuent imparfaits,
C'est dans les yeux d'amour qu'il se faut satisfaire
Et voir dedans les cœurs le pouuoir de ses traicts.

Voyez donc par mes yeux dans mon ame constante,
Voyez vostre pouuoir sur mes affections,
Non comme en ce miroir qui ne vous represente
Que les traits passagers de vos perfections.

Mais Belle, voyez-y, voyez-y donc ma Belle,
Et vous y cognoistrez vn effect merueilleux,
Regardez-y de pres vous me verrez fidele,
N'auoir autre lumiere en mō cœur que vos yeux.

Et afin que ie vous peusse faire voir l'vlcere de mon cœur, & ce que ie pretends estant vostre, si tost que ceste nouuelle émotion vous eut faict changer de façon vers moy, estant retiré du desplaisir où i'estois, ie tracé sur le dos du miroir quelques souspirs: voila comme Amour me traicte, & comment il vous plaist que ie viue, tantost triste, tantost contant, & n'osant vous inquieter ie m'addressois à vostre miroir, en ces termes,

Miroir où les beaux yeux de ma belle lumiere
Considerent les traicts de leurs perfections,
Que ne luy monstres-tu mõ ame humble & entiere
Ne viure que des feux tirez de ses rayons?
Tu luy fais assez voir ce qu'elle veut cognoistre,
En luy representant les traicts de sa beauté,
Que n'as-tu le moyen de luy faire paroistre
Les fideles desseins de ma fidelité?
Ingrat tu reçois tout ce qu'elle te presente,
Et tu ne voudrois pas aleger mon desir,
Quand tu seras froissé, & qu'elle te lamente,
Ta perte & sa douleur me seront à plaisir.

FLORIDE Ie m'en souuiens, & par là vous me faisiez paroistre fort peu d'affection, veu que vous dites que l'ennuy que i'aurois de la perte de mon miroir vous seroit agreable. Quelque chose que vous fissiez paroistre, si auiez-vous de la cholere, tesmoin que comme trop fasché, vous m'enuoyastes par vostre laquay ce Sonnet,

Ie vous honore & vous n'en faictes conte,
Ie suis à vous, vous n'en faictes plus cas,
Ie vous estime, & vous n'y pensez pas,
Faisant semblant presque d'en auoir honte:
Mon braue esprit bien aisement se doute
Pour eschapper les amoureux appas,
I'aime beaucoup, mais auec tel compas,
Que mon amour ma raison ne surmonte.
Faictes ainsi que vous desirerez,
Si sçay ie bien que iamais vous n'aurez
Digne suiet, d'amitié si parfaicte;
Et puis estant toute hors de mon cœur,
Ie vous verray detester le malheur,
Qui vous aura de mon ame distraicte.

Tels ſont les traicts dont vous me gourmandez, tellement que ſi tout ce que vous dites eſt vray, ie ne ſçay ſi ie puis croire que vous m'aymiez maintenant. VOSOLINI. Ie vous ſupplie de iuger egalement; Ie poſe le fait que vous m'euſſiez diſgracié ſans cauſe, & que de deſeſpoir ie ne vouluſſe & ne peuſſe plus rien aimer: Encor faut-il pardonner à ceux qui ſont outrez de la iuſte douleur qui les tranſporte. I'eſtois en tel eſtat ſi mal mené de la fortune, par le ſemblant de diſgrace dont vous vſiez ſur moy, que ie ne ſçauois ce que ie faiſois. Et ie vous ſupplie de ſuppoſer que vous fuſſiez en ma place, qu'euſſiez-vous faict? Si le reſte de ma raiſon ne m'euſt auiſé de la regle que vous m'auez commandee, par laquelle ie ſuis rangé à la modeſtie, ie me fuſſe perdu moy-meſme à voſtre deſauantage; car il n'y a point d'affliction qui perſecute à l'egal de celle de ſe voir dedaigné. Poſſible comme ie le croy à ceſte heure, vous le faiſiez pour m'eſprouuer. A la verité ces eſpreuues-là ſont dangereuſes. FLORIDE. Et maintenant où en eſtes vous? VOSOL. Comme il vous plaira; mais en la meſme ardeur de vous ſeruir qui m'a touſiours alecté en l'eſperance de vos belles graces. FLOR. Ie ne ſçay ſi ie m'y dois aſſeurer; car vous ne me prometrez fidelité qu'au pris que ie vous ſeray fauorable: tellement que ce ne ſeroit pas moy que vous aimeriez, mais vous qui voulez eſtre aimé de moy. VOSOL. Vn eſprit qui n'eſt pas à ſoy fait ſouuent des extrauagances, ainſi qu'il m'a-uient: mais ma Belle, ç'a eſté la douleur cauſee par mon ennuy qui m'a tranſporté: Ie vous demande pardon&me remets ainsi qu'il vous plaira, & affin que i'obtiene mercy, tenez ie ne sçay plus que dire, voyla le reste de mõcœur receuez le, vous y verrez mes desirs que vous considererez en cet effect amoureux sur vostre craion, iettez vos yeux dessus cependant que lon consultera nostre affaire. l'Empereur attendant le conseil, ietta l'œil sur les mains de la belle & voyant qu'elles deployoient vn papier, eut de la curiosité pour sçauoir que c'estoit, si qu'il fit signe que lon s'arrestast & appella la Belle qui commençoit à lire & luy dist qu'il estoit seant que les beaux esprits fussent consolez aussi bien qu'elle, partant qu'elle leust tout haut ce que son seruiteur luy aueit presenté, & puis on auiseroyt à les iuger : Elle obeit & prononça distinctement,

Crayon faict apres l'air des beautez de ma Belle
Je ne te cognois point, car tu es imparfaict.
Ma belle a de beautez vne forme eternelle
Que l'artiste ne peut reduire en vn pourtraict
Quand ie ressens en moy sa celeste figure
Grauee par ces yeux au plus vif de mon cœur,
Je ne discerne plus les traits de la peinture
Car la peinture n'est que feintise ou erreur.
Beau crayon tu es mort, mais la beauté pourtraicte
Dedans l'interieur de mes conceptions,
Est la viue beauté de la beauté parfaicte,
Toute amour, toute honneur, toutes perfections,
L'œil que deuotieux tant humblement i'honore
Fut l'organe du trait qui traça ses beautez,
I'en fus tout transmué & ce bel œil encores
Me fit l'impression de tant de raretez.

Son front table d'honneur, sa bouche ame des graces,
  Vnit & anima ces beaux traits si parfaicts:
  Et ses beaux yeux ont fait en mõ cœur tãt de traces
  Que mon cœur n'est sinon de ses yeux les beaux
    traicts.
Mon cœur est transformè en ceste viue image,
  Image qu'ardemment mon ame va seruant,
Et ceste image ainsi viuant en mon courage,
  Est la vie & l'amour dont ors ie suis viuant.
Beau crayon dont mon œil quelque fois se contente,
  Tu peux estre effacé de ton foible suiect,
  Mais le pourtraict formè dans mon ame cõstãte
  Parfaictement empraint n'en peut estre distrait,
Quand ie suis à part moy, mon bien ie considere
  De mille passions affectant mes desirs,
  Et dans le cœur ayant la beauté dont i'espere,
  Je souffre les douleurs des amoureux plaisirs.
Mille diuersitez mignonnement cruelles
  Me vont espoinçonnant de poignantes douceurs
  Et ces pointes d'amour sont si douces & belles
  Que mon contentement consiste en ces douleurs.
Ainsi quand ie repense à ces graces presentes,
  Je plaindrois volõtiers, mais ie suis trop heureux
  Et ie me plains pourtant: car de fleches perçantes
  Amour me faict sentir mille traits rigoureux:
Non ie n'ay point de mal, car ma belle maistresse
  Ne veut pas affliger ce qui luy appartient,
  Mais ie ressents pourtant l'effect d'une detresse
  Causee du suiet dont le bon heur me vient
Ma belle a lœil si doux que la douceur distille
  Des beautez de ses yeux uniques en douceur,
  Mais dessous ces douceurs un effort difficile
  Accompagne mon bien de peine & de langueur.

Le mal qui me poursuit est causé par moy-mesme,
Et mon peu de merite en est l'occasion,
C'est là mon desplaisir : car la beauté que i'aime,
En cause & en effects n'est que perfection.
Beau crayon, cache toy, car tu me mets en peine,
Tu me fay souuenir de mes tristes deffaux,
Ie sçay bien que ma Belle à mon cœur est humaine,
Mais mon peu de merite est cause de mes maux.
Ie sens mille douleurs affliger ma pensee,
Car il n'est pas moyen que i'aye de l'espoir,
Mon ame pourra bien d'amour estre offencee,
Et ce sera tousiours pour gemir & douloir.
Que pourroit esperer vn triste miserable,
D'vne qui de tous cœurs fait à sa volonté,
Rien que mourir d'amour, & auoir agreable
Pour tout bien de languir en sa fidelité.
Donques retenons nous, de voir ceste semblance,
Qui nous fait oublier nostre propre valeur,
Car ne pouuoir trouuer en son mal esperance,
C'est tromper pour neant son amoureuse humeur.
Mais en vain, beau crayon, ie fuiray ta presence,
Car i'ay de ma maistresse en mon cœur les beautés,
Mon cœur est son pourtraict graué dedans l'essence,
De son ame, où ses traits, sont au vif imitez.
Ainsi i'ay dedans moy la cause qui m'afflige,
Et le digne suiet qui me rend bien-heureux,
C'est ce qui me tourmente, & c'est ce qui m'oblige
A souspirer contant mon plaisir douloureux.
Voila que c'est d'auoir vne ame ambitieuse,
Et d'oser desirer, ne pouuant meriter,
C'est tout vn, la fortune est tousiours bien-heureuse
Bien qu'on ait des souhaits qu'on ne peut limiter,

Je ne veux point mourir, car ce seroit dommage.
D'effacer la beauté qu'en mon cœur ie retien,
Qui fait cas d'vn suiet en tien chere l'image
Aussi i'aime & cheris le pourtraict de mon bien.
Et puis ceste beauté est cause de ma vie,
Pour l'amour d'elle il faut ma vie entretenir,
La cause est de l'effect incessamment suiuie
Quand elle defaudra il me faudra finir.
Donques heureux crayon, sois moy tousiours en veuë,
Ainsi qu'est dedans moy le vif de ton honneur,
Car de ta verité mon ame est tant esmeuë
Qu'elle sera tousiours la vie de mon cœur.
Ma Belle pardonnez à l'amoureuse atteinte
Que vous auez voulu me faire ressentir,
Et croyez mon discours n'estre point vne feinte,
Mon cœur qui est à vous ne vous sauroit mentir.
Le bien plus accompli des souhaits de mon ame
Est d'auoir eu vostre œil pour astre de bon-heur,
Et ma fidelité, de vous auoir pour Dame,
Tout mon contentement, vous estre seruiteur.
Je viuray seulement pour vous faire seruice,
Mes yeux ne sõt mes yeux que pour vous admirer,
Et mon vnique espoir de vous trouuer propice,
Car mõ cœur n'est mõ cœur que pour vous honorer.
Croyez-vous pas celà, belle ame de ma vie:
Vous qui m'auez choisi sur tant de millions?
Belle vous le croyez: car vostre ame accomplie,
Ne veut pas deceuoir mes belles passions.
Or viuez du bon heur, d'auoir tant de puissance:
Sur tous les cœurs qu'Amour oblige sous ses loix:
De moy ie suis contant, pource que ie ne pense
Qu'à l'amoureux deuoir qu'à vos beautez ie dois.

L'Empereur trouua bon cet amoureux transport, sur lequel ayant ruminé vn petit, il se tira comme d'vn sommeil inopiné; puis ayant fait signe qu'il falloit iuger ces Amans, les Conseillers se leuerent sans que le Procureur d'Amour fit aucune requisition : donc l'Empereur ayant receu les voix, & adiousté ce qu'il pensoit estre raisonnable, consideré l'estat des ames passionnees, dont le merite est au support des afflictions qui se forment à faute de familiarité decente, prononça cest arrest.

Vous estes renuoyez à vostre propre conseil, selon la grace que l'Amour vous fait à cause de vostre mutuelle affection sans fard, à ceque vous en ayez du contentement, s'il y a de la constance reciproque. Parquoy acheuez le cours de vos pretentions, afin que l'accomplissement de vos souhaits auenant, vous trouuiez l'entiere felicité qui est deüe à vos affections.

DESSEIN XII.

Deux Amans muets sont presentez. Celuy qui les conduit raconte leur auanture. Les menees du Geant sur les enfans du grand Roy Leci, & sur sa personne. Le fils de Leci mal traicté de son pere, est en fin celuy qui le deliure.

ENTRE tant de beau peuple qui se vint presenter en l'Hermitage, il entra vn Gentilhomme estranger, tel le iugeons-nous, pource qu'il ne sçauoit pas les coustumes du païs, & n'auoit point appris la frase d'amour, pour sçauoir dire par les paroles entendues à tous vrais sectateurs de sagesse, ce qu'il pretendoit, toutesfois ayant sceu que le premier poinct d'obseruation en ce lieu est l'obeissance, il parut y entendre: Car menant auec soy deux Amans, & s'estant presenté, Gnorise qui l'auisa, sortit & prit les deux Amans, ce qu'il laissa faire, estimant que s'estoit la coustume. La dame donc les ayant pris par la main, les mena au parquet d'Amour, où les gens pour l'Amour faisoient leurs examẽs premiers; & là les interrogea de leur affaire, mais pour neant, car elle n'en peut rien entendre, dautãt qu'ils estoiẽt muets. Parquoy elle les cõduit en la sale, & apres que l'arrest fut pronõcé elle proposa ce qu'elle auoit fait selon la charge,

& dignité en ce lieu, disant : Sire, suyuant mon office, & ce qui m'est attribué, il conuient, s'il plaist à vostre majesté, que selon ma declaration ces Amans soient despeschez sur le champ ; ie sçay bien que les autres auront patience, parce qu'ils sont pleins d'obeissance, d'amour, & de discretion. Quant à vous, conducteur de ces Amans, vous auez tort que vous ne vous estes hasté, l'amende que vous en encourrez sera declaree quand en personne & pour vostre faict, vous assisterez deuant ce tribunal : Pour maintenant dictes vostre charge & faictes vostre deuoir, touchant le faict de ces belles ames. Ayant le Gentilhomme fait ce qui estoit decent, il parla ainsi :

SIRE, les difficultez suruenues à cause des distances des lieux, est cause qu'auec tout ce que nous auons peu faire pour atteindre ce lieu tant heureux, afin de participer aux fruicts du grand Anniuersaire, encores sommes-nous arriuez en Amerimnie plus tard que nous ne pensions, toutefois nous auons esté asseurez par ceux qui sçauent les coustumes & des cōducteurs de l'Estat, & ceremonies de ceans, qu'il y auroit encor auiourd'hui lieu pour nous, ioint que ce bien nous sera concedé & estimé estre comme deu quand on aura ouy les fortunes qui ont agité ces amãs, & que l'on sçaura leur origine, dont i'ay charge de vous esclaircir ; car leur naissance & auantures me sont tellement cognues, que ie puis estre dit fidele & vnique secretaire de leurs actions, volontez & esperances.

Tous cognoissent le grand LECI Monarque

des Royaumes releuez, lesquels il gouuerne auec vne prudence admirable. Or combien qu'il soit tressage, ayant par ses ans acquis beaucoup de Sapience, si est-ce que pour auoir esté trop benin à ceux ausquels il deuoit monstrer de la rigueur : depuis quelque temps les siens & luy mesme tous ensemble ont couru telle fortune, que l'effect qui en est notable, a presques esté dangereux. Rien ne peut euiter les rayons du Soleil des ames, personne n'eschappe des traicts d'Amour, mesmes les plus seueres & beaux esprits en sont rencontrez, & parfois auec telle vehemence qu'il n'y a rien d'esgal, ioint que souuent aussi les hypocrites en sont touchez, & quelque semblant qu'ils facent, ils en sentent les poignantes esmotions qui les excite aux saincts plaisirs de l'ordonnance diuine, à quoy leur maudite humeur les faict decliner, en les assouuissant d'vn malheureux rassasiement auec lequel ils desrobent à l'Amour ce qu'ils luy doiuent, & frustrans eux & nature de la felicité des gens de bien. Ceste puissance qui reluit mesmes aux abismes se fit paroistre en ces deux cy. la ieunesse excitant le cœur de Pirinte fils second de Leci, & ayant recogneu que les perfections d'Vsonis fille de Fronauue Prince des Tauxomutes, estoit l'excellence contenant ce qui le rendroit parfait & l'endelechie vnique de sa forme, s'addonna aysément à la recherche où l'Amour le forçoit par les yeux de la belle, laquelle cognoissant les merites d'vn si grand Prince se sentoit tres-heureuse d'obliger son ame à son occasion. Par ce moyen ces deux se trouuerent reciproques en sinceres affections; durant ces chastes amours qui n'estoient que douces pretentions au futur contentement que le mariage legitime establit : Pirinte faisoit plusieurs voyages à Fronauue, chasteau principal du pere de la fille. En ce mesme temps Frulouse Geant estrãger, toutefois habitant entre les Tauxomutes, lesquels il frequentoit auec amitié, desiroit fort l'aliance de Fronauue, & pretendoit espouser Vfonis, à laquelle il auoit offert son seruice, auec tout l'art qui se peut practiquer à se mettre és graces d'vne Dame, mais il ne faisoit rien pour luy : car plus il l'a recherchoit plus elle l'auoit à dedain, lequel se multiplia par la frequentation de Pirinte. Le Geant depit de voir ses desseins deuenir friuoles, & cognoissant l'amitié de ces chastes amours, delibera de les perdre, au moins le fils du Roy afin de venir à bout de ses desirs: luy qui ne manquoit point d'esprit, estoit prompt à inuenter : donc apres auoir longuement consulté son faict, attira à soy les Hospites, qui sont peuples de noble extraction, mais fascheux & tousiours entreprenans choses meschantes sous l'apparence de bien. Ces gens-cy se fourrent par tout, & en habit dissimulé & deguisé d'humilité & bonne conscience, trompent vn chascun, comme ils firent estans pres de nostre Roy, auec lequel ils obtindrent quelque creance à cause de ses suiets qui s'addonnoient à eux, & il y consentoit : & qui fut plus, c'est que petit à petit ils le firent condescendre à leurs volontez, tellement qu'il se rapportoit à eux de plusieurs vrgens affaires. Quelquesfois il passe des nuees fascheuses sur les Princes & sur leurs estats. Frulouse ayant tramé & asseuré sa trahison, forma sa cõiuration par vne calomnie qu'il palia de tant d'ornemens semblables presques à ceux de la verité, qu'il y auoit apparence en son faict pourpensé dont il fit rapport au Roy, luy descouurant vne conspiration arrestee contre sa maiesté laquelle estoit preste d'estre executee; luy disant que son fils Pirinte en estoit chef, & qu'il auoit practiqué Fronauue & plusieurs autres qui l'assisteroient à se saisir de sa personne, pour puis apres se faire proclamer Roy des Tauxomutes, & Monarque des Seigneuries basses, àquoy il le feroit cõdescendre par force. Le Roy tout en cholere, indigné par ce rapport, sans faire autre perquisition, pource qu'il croyoit les Hospites qui acertenoient le dire de Frulouse, ioinct que leur hypocrisie ne luy estoit pas manifeste, à cause qu'il n'y prenoit pas garde, mit les armes és mains du Geant, & par l'authorité qu'il luy attribua le rendit le plus fort, si qu'il luy fut aisé de paruenir à ses fins : Ainsi auancé Frulouse sçachãt que Pirinte estoit aupres de sa maistresse, luy dressa vne embusche si secrette, que le Prince sortant du chasteau fut surpris, auant qu'y auoir peu penser; & le Geant luy mettant la main sus, luy fit commandement de rendre obeissance à son Seigneur & pere : luy tout estõné voulut tenir son rang sur son ennemy, mais il fut soudain pris & saisi, & force luy fut de cedder à la violence qui le maistrisoit. Grisette portiere du chasteau, ayant veu & cognu ceste tragedie, le courut en haste dire à Vfonis, laquelle se destourna en diligence, & auant qu'on peust penser qu'elle sceust cet accident tira chemin, & auec grand labeur alla se sauuer en la Republique de Gaucontaine, qui est vne Seigneurie qui ne recognoist personne que son propre magistrat, n'aiant Souuerains que certains choisis par le peuple, & continuez selon leurs merites & bonté. Fulée est le chef de leur conseil: Vragi-nie le Lieutenant general, & les Doussilans, lesquels sont de fort antique famille, sont les Conseillers. Incontinent que Pyrinte fut pris, il fut serré seurement, & tellement que difficilement pouuoit-on parler à luy: Il eut bien voulu parler pour sçauoir & respondre, & se iustifier s'il y auoit de l'accusation, mais il luy estoit denié, si qu'il ne sçauoit qu'on luy vouloit, ny qu'il auoit à requerir. Il fut gardé en la tour des Mistau-bolins, où ceux qui frequentoient recognoissoient assez qu'à tort le pauure Prince estoit là. Et toutefois personne n'en osoit parler pour la crainte du Geant, qui se rendoit espouuantable au moyen de son authorité. Cependant par sous main & auec grand discretion, Griserte auertit le Prince de toute la verité de l'entreprise du Geant, & de la bonne absence d'Vfonis, ce qui le consola, & fit qu'il prit cœur à penser à se liberer. Comme il estoit sur ces desseins, il luy en vint vn à-propos: C'est que Frulouse ayant sceu l'euasion d'Vfonis fut en desespoir & plein de tristesse, imagina vn moyen d'obtenir son contentement, il ne pensoit point que le Prince eut peu rien sçauoir des affaires, veu le soin dont il le gardoit: parquoy ayant en soy pris sa conclu-

sion

sion, il vint à luy. Pyrinte, luy dit-il, vous estes Prince galand & beau, ie suis marry de la mauuaise fortune que vous courrez, & du courroux du Roy vostre pere contre vous, si vous auez de la prudence, ie tascheray à si bien faire, que ie feray la paix, bien que vostre cause soit tres-mauuaise : car le Roy est deuëment informé d'vne trahison que vous voulez faire pour le desnuer de ses Royaumes des basses contrees, il ne faut point de response à celà, il n'y a qu'vn moyen que ie vous diray: C'est que si vous desirez que ie face pour vous, ie vous prie faire pour moy: Ie moyenneray vostre entiere liberté, si vous voulez interceder pour moy vers le pere d'Vsonis, pour me la faire donner à femme, croyez que si vous le faites, vostre deliurance ne tient à rien, car i'ay commission absoluë sur vous, aduisez-y. Pyrinte ne faisant point mine de ce qu'il sçauoit, l'embrassa, disant, Mon bienfacteur, mon espoir, il n'y a rien que ie ne face pour vous, s'il ne tient qu'à prier Fronatiue, & le persuader par toutes voyes, il n'y aura rien que ie ne tente: Voire mais, luy dit le geant, i'ay entendu que vous y auez affection, parquoy il faudroit vous en deporter. A celà respond le Prince, Dés maintenant ie vous cede tout pour vous monstrer que ie n'y pretends rien, allez-y, & l'enleuez plustost que ne soyez content, ie ne vous empescheray pas, tant pour ce que ie ne puis, que ie veux, si ie le pouuois, ce seroit pour vous gratifier. Par ces discours qui furent souuent reiterez, le Prince attira si bien à luy le Geant, qu'en fin il en suruint des affaires autres que les premeditees. La bonne Griserte sage & accorte faisoit sçauoir tout à Vsonis, & cependant aydoit sous main au Prince pour sa liberté, dont il vint à bout fort prudemment, & cependant il amusoit le Geant, qui faisoit par tout s'enquerir d'Vsonis, pour, l'ayant descouuerte, aller en diligẽce s'en saisir, tãdis qu'il detenoit Pyrinte. Or ce Prince auoit vn page auec lui qui auoit liberté d'aller & venir par le chasteau, ce ieune enfant par l'instruction de Griserte sceut vn passage qui estoit en vne vieille muraille, & il en aduertit son maistre, qui s'y hazarda, & passa legerement, & ainsi euada & s'aduanca le plus qu'il peut pour rencontrer lieu de sauueté & seurté: le geant courut apres, mais trop tard, car il ne le sceut que le lendemain. Or Pyrinte passant par vne forest, se trouua en vn chemin où des voleurs auoient tué vn homme, auquel ils n'osterent que la vie & l'argent, car de peur d'estre cognus & decelez par les hardes, ils le laisserent tout habillé auec son manteau dont ils le couurirent. Le Prince voyant celà, & qu'il n'y auoit personne là autour, prit le manteau de l'occis & y laissa le sien, puis il gaigna chemin tant qu'il peust. Le iour d'apres le Preuost des Mareschaux passant par là, trouua ce corps que les loups auoient desia enuahi: Il le fait visiter, mais on ne le peut cognoistre. Il le fit leuer de là, & porter au bourg prochain, où vn des soldats du chasteau estant, & voyant le manteau le recogneut, & dit que c'estoit celuy de Pyrinte, qui depuis deux iours s'estoit sauué du chasteau, & aussi tost le Geant l'ayant sceu y vint, & apres plusieurs discours fut aisément conclu que c'estoit le Prince qui estoit mort. Le Roy en fut aduerty, fit signe d'en estre content, & toutes fois il vouloit que iustice fut faicte, & partant qu'enqueste se fist par tout, celà aduenu, le Roy fit tenir ses Estats, & cõstitua Frulouse son Lieutenant general, & luy donna le gouuernemẽt de son fils aisné. Le Geant se voyant en telle dignité, sceut tant amadouër & flatter le Prince, qu'il le rendit du tout à sa deuotion, tellement qu'ils n'estoient qu'vn cœur. Vfonis ayant sceu ce qui se passoit comme on le contoit, en prit si grand ennuy, que de tristesse elle se relegua auec des filles deuotes, où elle passoit sa detresse. Pyrinte fust volontiers allé en Gaucontaine, mais il n'y pouuoit passer sans estre descouuert, parquoy il se retira és pays où regnoit le bon Triuoli son cousin, auquel estant paruenu en habit dissimulé, il fut receu fort humainement, estant là, il raconta ses fortunes & les menees de Frulouse. Triuoli qui auoit chassé de ses terres & Seigneuries le Geant & les Hyspostes, pour les affrons qu'ils luy auoient faicts, cõsola le Prince, & luy promit tout ayde & confort. Quelques iours apres vindrent nouuelles, que le puisné de Leci auoit esté tué en vne forest, Pyrinte fit le discours de ce qu'il auoit faict, parquoy suiuant ceste nouuelle, ne voulant estre cogneu encores, il prit conseil auec son cousin, & se fit continuer le nom de Brilland, qu'il auoit pris entrant en ses pays. Cependant Frulouse se seruant de ce qui se presentoit, incita Turanes fils aisné de Leci à se faire valoir, & pour ce qu'il n'auoit gueres de courage, il luy dit qu'il executeroit tout ce qu'il conuiendroit en son nom, & qu'auec le temps il luy mettroit le Diadesme sur la teste, & l'asseeroit sur le Trosne paternel qui luy estoit deu, & veu le peu de cas que le Roy faisoit de luy, qu'il l'authoriseroit, & n'y auoit pas de danger, attendu son age, & que le bon homme se deuoit reposer, & que pour ce faire il le relegueroit fort aisement en l'isle Titane, & puis apres ils iouyroient abondamment de toutes delices. Le Prince qui goustoit ces nouuelles friandises, se laissa aisément persuader, & par ainsi la coniuration eut lieu: moyennant les practiques auec les Tauxomutes par le moyen des Hispostes, qui tous ensemble firent reuolter les grands, & le peuple, qui contraignirent le triste Leci de prendre la fuitte: Et tout ce qu'il peust faire, fut de se sauuer & cacher au Comté de Rufime, au desceu de ses ennemis, qui ne l'ayans peu descouurir, en laisserent la poursuite, & se tindrent au pays, où ils auoient occupé le bien des bons & obeyssans peuples. La nouuelle de cest affaire fut apportee à Triuoli, qui en aduertit son cousin Brilland, qui s'en trouua fort ennuyé, toutefois il prit resolution auec son bon cousin, & ainsi fort promptement & coyment ils leuerent vne forte armee, auec laquelle ils donnerent dans Suciuie, où estoient Frulouse & les Hispostes, qui furent surpris, taillez en pieces la plusspart, & les autres mis en fuite, le Geant y demeura. Les Tauxomutes demanderent pardon, qui leur fut accordé, horsmis à Turanes qui fut pour sa faute reserré au chasteau de Derence, où il fera penitence legitime. Ces affaires ainsi passées, Brilland reprenant son premier nom, & s'estant fait recognoistre qu'il estoit Pyrinte, mit garnisons par tout, craignant les surprises des Hispostes restez, & en train assez capable de se faire obeyr, vint à Rufime, où il auoit appris qu'estoit le Roy son pere : là entrant, il fit crier à haute voix, Viue le Roy le bon Roy Leci. Le bon homme qui ne sceut rien de l'affaire qu'à coup-prés, sçeut par vn sien fidele tout ce qui s'estoit passé, & que son fils Pyrinte le venoit deliurer. Le sage Roy en attendit l'yssuë, ne sçachant qu'en croire: d'autant qu'il pensoit qu'il ne fust plus, veu les choses passées. En ce doute, il vid entrer son fils, qui aussi tost se vint ietter à ses pieds, & luy demander sa bonne grace & pardon de l'offence que les meschans luy auoient faicte à son occasion. Le bon Leci embrassa son fils bien-aymé, & recognoissant son innocence par son deuoir, eut deux plaisirs souuerains, d'autant qu'il recouura son fils en vie, & par luy se vit remis en ses estats & dominations. Apres que le Roy fut restably, les Estats tindrent, & Leci voulant gratifier son bon fils Pyrinte, luy donna plusieurs souuerainetez, entre autres le Royaume de Marsquouie : Mais tout ce succez ne luy touchoit point tant au cœur que le desir d'Vfonis qu'il alla luy-mesmes chercher en Gaucontaine où Griserte l'auoit asseuré qu'elle estoit: Cependant qu'il despeschoit ses bonnes affaires pour paruenir au meilleur point, Griserte aduertit Vfonis de tout, aussi tost essancee de parfaits desirs reuenant à ses premieres erres, elle laissa la solitude & se mit en chemin pour retourner chez son pere, vn mesme soin poussant ces deux amans, Pyrinte se hastoit d'aller où il desiroit trouuer son desir, & la belle se diligentoit, si qu'ils se rencontrerent en la Duché d'Altoriante, leur entreueuë comme par surprise, biẽ qu'esperee & recherchee, les rendit tant saisis de contentement, que leurs cœurs abondans de ioye, firent vne certaine & mutuelle reuolution & tant estrange que la parole leur en faillit, & de fait sont demeurez en cest estat comme vous les voyez: Et pource ils sont venus comme loyaux amans chercher icy le remede conuenable à leur mal. Et ie vous supplie par la mesme passion qui vous peut esmouuoir: si autresfois elle vous a fait sentir ses violences, ou si vous les sentez encor, de vouloir apporter tout ce qui sera en vous pour gratifier le merite de ces deux parfaits amans. L'Empereur prit plaisir à la naifueté dont en vsoit ce Gentilhomme, qui pour n'auoir esté nourry que simplement, ne sçauoit pas sa court artificieuse, ainsi que ces deliez qui font vne autre recherche de paroles, que celles qui nuement declarent les intentions, & puis ayant receu l'auis du Conseil prononça,

La Souueraine vous promet consolation, mais pour obseruer tout ce qui est raisonnable & neces-

saire, vous remet à Dimanche, cependant vous irez vous resiouir au chasteau de Palalme qui est au bout du parcq, & serez là tant que lon vous aille querir.

DESSEIN TREIZIESME.

Galantise du Prince de Brancho pour Lofnis. Poemes sur le iaune paillé. Inuention de Gnorise pour destourner l'opinion mauuaise des Amans.

CE iour-cy Lofnis estoit paree d'estofes d'estime dont la couleur estoit iaune paillé, aussi c'estoit celle qu'elle aymoit le plus, & par l'entremise des Princes & congé de l'Empereur, elle auoit esté presente à ces actes, & fut vn peu dela partie: car le Prince de Brãcho qui obtient de grandes & riches prouinces en Nabadonce & Glindicee, veint en l'hermitage, comme les autres pelerins d'Amour. Il estoit de bonne grace, necessaire & adroit, mais MORE & ne lui seoit que bien, car il en estoit plus accompli: Il se faisoit accroire que Lofnis estoit sa maistresse, pource qu'elle comme prudente, & receuant gracieusement tout le monde, le voyoit d'assez bon œil, pourtant qu'elle prenoit plaisir à ses rencontres, & d'auantage l'entretenoit à cause qu'il auoit beaucoup de credit, estant souuerain de plusieurs terres, & qu'il pouuoit faire seruice à l'Empereur & à ses amis qui auoyent souuent affaire de luy: Cettuy-ci estant present à ces actions, & voyant l'occasion luy estre fauorable fit signe aux musiciens qu'il auoit instruits, de s'approcher, ils obeïrent, & à l'instant firent resonner vn aër, qui estoit approprié au suiet de la couleur du iour, adonques fut chanté ce petit poëme,

Les bien-heureux obiets des plus douces pensees,
Se rencontrent tousiours selon l'opinion,
Et les ames qui sont en desirs auancees,
Estiment leurs suiets par leur affection.
Les couleurs que le Ciel au plaisir de la veue,
Va collant icy bas à l'entour des suiets,
Rendent auec raison toute chose cognue,
Car icy l'on remarque aux couleurs les obiets.
Donq selon la couleur que plus belle on desire,
On concoit en son ame vn symbole d'honneur,
Aussi ceste beauté qu'heureusement i'admire,
Se propose du bien en sa belle couleur.
Le beau iaune de paille est aymé de ma belle,
Aussi son œil iouyt du vouloir de tous cœurs,
Si quelque malheureux vouloit estre rebelle,
Comme paille il seroit bruslé de ses ardeurs.
Ceste belle couleur suit tousiours l'abondance,
Mõstrãt aux laboureurs leur loyer tout certain,
Pource elle signifie aussi la iouyssance,
Car quand la paille reste on iouyt du bon grain.
Symbole bien-heureux tu es seul tesmoignage
Que ma maistresse vn iour constant m'estimera,
Puis qu'elle t'ayme tant, c'est vn iuste presage,
Qu'à mes fidelitez piteuse elle entendra.

Mais bien encores plus qu'elle iouit heureuse
De ce que la Nature auoit de raretez,
Car il la faut iuger estre autant vertueuse,
Comme on la trouue belle admirant ses beautez.
Or triomfés de tout, belle & sage Princesse,
Selon vostre desir iouissez de bon heur,
Quant à moy ie iouis d'honneur & de liesse,
Pour ce que ie vous suis fidele seruiteur.

Fonsteland estoit bien aise qu'on donnast de la loüange à sa Maistresse: mais il n'estoit pas contant qu'vn autre prit ce tiltre d'estre son seruiteur, & n'eust esté qu'il sçauoit le courage de la Princesse, dont la verité lui estoit assez apparente, il y eut eu du trouble. Estant donques certain de la volonté de sa Dame, qui viuoit auec luy d'amour mutuelle, & qu'elle l'auoit auerti de la fantaisie de ce Prince, il le trouua bon, & aussi iamais elle n'y eut pris plaisir, si celui qui luy estoit autant cher que son ame, n'y eut consenti. Fonsteland laissant Brancho en son opinion, le laissa parfaire ce qu'il auoit enuie d'acheuer. Puis il fit signe à vne Nymfe qui estoit à sa seur Oloclíree, laquelle s'auança auec vn lut, & poussant sa voix auec l'instrument, respira ces accens sur le sujet de la mesme couleur. L'Empereur pẽsoit à se leuer: mais oyant iouër & chanter vne belle, eut patience de l'ouir.

Il n'y a point d'espoir tel que mon esprance,
Il n'y a rien d'egal à mes affections,
Car vous m'entretenez sous vostre obeissance
Des plus viues ardeurs des chastes passions.
La constante couleur de vos beaux yeux cherie,
Me monstre le dessein de ma prosperité,

Et telle vous l'auez discretement choisie,
Afin de m'exercer à la fidelité.
Le beau iaune de paillé & la couleur mignonne
A l'vnique beauté que seule ie cognoy,
Selon son iugement de mes desseins i'ordonne,
Son vouloir est le mien, son plaisir est ma loy.
Cessez autres couleurs vous n'auez point de grace
Madame a remarqué ce qui est plus parfait,
Aussi comme en beauté toute autre elle surpasse,
Sa couleur plus que vous a d'esclat & d'attrait.
Ces diuerses couleurs que les Dames choisissent,
Ne sont que des esclairs passans soudainement,
Et les opinions aussi viste perissent
Que le symbole en est esleu legerement.
Toute couleur perit, & par le temps s'efface,
Fors le iaune paillé qui ne s'esteint iamais,
Toutes autres couleurs passent sans efficace,
Mais ceste-cy tousiours est brillante en effaits.
Plus on presse la paille en differens vsages,
Plus on void sa couleur au deffaut resister,
Aussi recognoist-on que les constans courages,
Surmontent tous efforts pour constans persister.
Tous fruits soigneusement auec le temps meurissent,
S'auançans sur la paille, en leur perfection,
Ainsi les beaux desseins à la fin s'acomplissent
La constance guidant la belle intention.
Comme ceste couleur est constante & certaine,
La constance sera mon eternel obiet,
Et ma vertu sera non comme couleur vaine,
Mais vn fixe accident conioint à son suiet.
Bien que la paille en fin par trop de temps vieillisse,
Sa couleur toutesfois iamais ne vieillira,
Aussi pour la maistresse à qui ie fai seruice.

Ma constance tousiours ferme se maintiendra.
Aussi ceste couleur n'est pour neant symbole
De l'vnique vertu du magnanime cœur,
Car comme on void nostre ame aux aers de la parole,
On cognoist ma constance à l'œil de ma couleur.
Tousiours ceste couleur sera la couleur belle
Dont le symbole saint me rendra glorieux,
Et ma belle verra ma constance eternelle,
Puis que i'ay mesme obiet que l'obiet de ses yeux.

GNORISE. Il y a entre les Dames vn gentil debat sur la signification des couleurs, les vnes veulent que ceste couleur de iaune paillé, signifie iouïssance, & les autres pour les dernieres raisons qui ont embelli l'aer de leur excellence: afferment qu'elle represente la Constance. A la verité (ie le veux dire pour Amour,) la constance est fort requise à celuy ou celle qui iouït, & plus qu'à l'ame qui n'a encores rien obtenu. Ce n'est point constance de rechercher ce que l'on desire, car on ne scait ce que l'on aura, quelle constance pourroit-il y auoir sans sujet? sujet desiré n'est point sujet obtenu. On dira, constance est aussi en recherche, c'est plustost opiniastreté, d'autant que l'on n'a pas de cognoissance de ce qu'on obtiendra. Parquoy ie conclus, que constance est, de conseruer son affectiõ à ce que l'on tient auec iouïssance. S'arrester sans se desister à poursuiure ce qu'on desire, est pour le vray vne affection ferme, de ne se deporter tant que l'on ait acquis son bien, & cela est tres-louable: aussi n'apartient-il qu'aux loyaux amans: mais lors qu'on est en entiere possession, & que l'on segaye en courage pour en faire tousiours vne mesme estime, c'est la preuue de vraye constance: Or, Sire, ce iour nous fournira de beaucoup d'exemples d'amours auantureuses, & non reciproques, ie les nommeray scalenes, pource que les vrayes sont Isosceles, parce que chacũ y a sa Dame, & ainsi reciproquement, & auiourd'huy il y a plusieurs qui sont à vne Dame, & la recherchent, & elle en desire plusieurs pour choisir. Parquoy le Gouuerneur d'Amelie n'a que voir sur ceste sorte d'Amãs, ie requiers pour l'Amour qu'il soit dit & iugé, que ce qui despendra du hazard soit la fin de tous ceux qui se prendront à la belle desiree, à ce que les pretendãs s'y comportent auec telle dexterité, que leur recherche ne leur vienne à honte, & qu'ils ne pretendent aucune resource en ce lieu à cause de l'honneur.

Le Conseil vint à l'Empereur par trois fois à cause que l'affaire le meritoit, & puis ayant bien digeré le tout, prononça.

Ceux qui seront temeraires, porteront l'iniquité de leur faute, & celui que la Belle gratifiera, seul se pourra tenir pour tel qu'il sera accepté, car le tout est remis à sa volonté.

DESSEIN QVATORZIESME.

Qui est le plus fidele en amour, les dames ou les hommes. Exemples d'amours estranges, & difficiles, ou sans raison. Le verd & sa signification. Amour determiné d'vne Damoyselle.

DESIA le iour auoit fait reuoir tous les obiets, & ayant reuestu de sa propre habitude ce qui estoit caché sous la difformité de la nuict, esgayoit tout ce qui estoit sous l'estendue des Cieux, Que l'Empereur bien accõpaigné, veint au cinquiesme Palais, où l'aprest des viãdes & de tout ce qui suyuoit, ne manqua non plus qu'aux autres iours. A l'heure des causes il entra en la magnifique Sale, où pour ce iour il fut assis non selon l'ordre exact de la magnificence imperiale obseruee és courts des Monarques resplẽdissans en vanité de majesté, plus souuent qu'en gloire de vraye dignité, mais en esprit assuieti à la loy d'vn plus grand qui est l'Amour, aux statuts duquel il rend toute obeissance suyuant les coustumes du lieu, où il est venu chercher remede à son mal: bien est il qu'il iouyt de la dispence octroyee à sa grandeur, selon l'ordonnance des Princes & de la Souueraine, qui veulẽt que tousiours il soit occupé à ce que son cœur ne moysisse en l'attente de son bien, n'ayant point de distraction. Tout estant en ordre, Gnorise & Xyuoye gouuerneur d'Amelie, se presenterent pour auoir resolution d'vn debat esmeu entreux. Elle maintenoit que les dames estoyent les plus parfaites en Amour, & luy soustenoit que les hommes en emportoyent le prix. Quãd ce fut à parler, Xyuoye cedoit à Gnorise, laquelle ne voulut pas ceste courtoisie, de peur de luy estre redeuable, parquoy le sort fut ietté sur la remonstrance reiteree de Gnorise, qui disoit qu'en cet affaire il ne falloit apporter aucune dissimulation ou gratification. Et le sort tomba à dire à Xyuoye qui parla disant: Sire, pour prouuer qu'il y a plus de constance en nostre sexe, ie proposeray vne exemple suffisante, deduisant vne partie de la vie d'vne entre plusieurs, selon quoy on pourra iuger qu'elles n'ont aucune memoire du passé, & partant point de constance, pource que ce qui se presente deuant leurs yeux, est aussitost accepté que leur courage en a enuie. Pour l'amour des Dames, & que quoy que ie die, ie ne laisse d'estre leur affectionné seruiteur, d'autant qu'il y en a de vertueuses, que si elles ne le sont, au moins nous les faisons telles, tandis que nous les aymons: Ie celleray le nom de celle dont ie veux parler, son païs & sa condition: Ceste belle & de bonne grace ayant beaucoup de sciences, & estant autant aymable qu'autre de son temps, fut mariee à vn beau gentilhomme qui l'auoit longuemẽt recherchee, & auoit couru plusieurs fortunes pour son amour, à quoy elle auoit participé: d'autant qu'ennuis sur ennuis lui auoyent esté donnez, à cause de ceste amitié, qui ne lui firẽt point quitter la partie, ains poursuyure plus viuemẽt, & auec vne constance tant

apparente, qu'elle fut estimee premiere entre les
Dames d'Amour loyal & chaste: sõ seruiteur qui
trauailloit incessammẽt à lui faire demonstratiõ
de la verité de son cœur, surmontoit toutes afflictions, incommoditez & fascheries, que ses parens & ceux de la belle lui dressoyent pour rõpre
le coup à la fortune qu'ils pretẽdoyẽt acheuer: Et
firent tant ces Amans, & si bien qu'à la fin ayans
gaigné le cœur de ceux qui les empeschoyent, ils
obtindrẽt le fruit desiré apres tãt de peines: heureuse couple s'il fut auenu que vous fussiés partis du monde ensemble! vn peu apres leurs nopces, ce gentilhõme fut saisi d'vne fascheuse maladie qui cõtinua en telle lõgueur, qu'elle deuint
si maligne, que les medecins desesperãs de sa santé, lui conseillerent pour dernier cõfort les bains,
& eaux medecinales, à quoy s'estant resolu, il se
fit porter où le remede estoit, durant tout ce tẽps
sa femme angoissee ne l'abandonnoit point, ains
cõme suportãt son mal, souffroit auec luy le sol-
licitãt nuict & iour fort soigneusemẽt. Quelques
fois il lui disoit, mõ cœur ie te prie de te reposer
vn peu, & dõner tréue à tes peines. Elle lui respõ-
doit, ma vie ie te supplie, ne m'ẽ parle point, car si
ie me reculois de toy, & que mes yeux ne fussẽt
collez sur toy, i'aurois trop de tourmẽt: ce que tu
pẽse peine en mes actiõs, m'est vn souuerain biẽ,
pource que ie te fay seruice. Telles & de sẽblable
sujet estoyent leurs mutuelles paroles, quãd l'occasion s'y addonnoit: En ce voyage (cõme tousiours) elle estoit incessammẽt pres de sa personne sans l'abandõner, y apportãt vn soin merueilleux. Apres que ce pauure gentilhõme eut fait ce

qu'il pouuoit, en fin sans auoir moyẽ de ratraper la santé, prit la voye des ames qui s'eschapent, & au depart de sa vie, à laquelle celle de la Dame tenoit, il sembla qu'elle voulut la suyure, & de fait la pauurette fit ce qu'elle peut en apparẽce pour mourir, & voyoit-on à son desplaisir apparent qu'elle eut desia voulu estre du grand nõbre. Or voyant que s'en estoit fait, s'estãt determinee aux pleurs, aux regrets, & aux eternelles ombres de l'ennuy, elle fit enbausmer le corps du defunct, & mettre en vn grãd cercueil où il y auoit place pour elle & y vouloit estre, mais par la remõstrãce de quelques gens sages, elle s'en retint, elle fit pourtant mettre ce cercueil sur vn chariot qu'elle faisoit tirer auec son train, faisãt estat du mort, tout ainsi que s'il eut encor esté plein de vie. Elle n'auoit autre souci que celui mesme qui la tenoit durant la chere vie de son mari tãt aymé, son œil estoit tousiours sur ce cercueil, & ses souspirs estoyent terminez où estoit le corps tant agreable. Il n'y auoit que neuf iours, que la cause de ce dueil extréme estoit auenue, que passant chemin ceste demoiselle vint loger en vn bourg qui ioint le pied de la mõtaigne; & l'hostellerie est en vn spacieux & riche hospital, où tout le monde est receu, en pauures ceux qui le sont, & en hostes aymables ceux qui ont le moyen de viure sans s'obliger pour le giste ou le repas; En ce spacieux logis, il y a vne retraite de gẽs religieux, obseruateurs du Celibat, lesquels prenẽt le soin de visiter les malades, consoler les affligez, soulager les estrangers, & suruenir aux autres necessitez de corps & d'esprit qui peuuẽt aduenir aux passans, entre ces entre ces bõs personnages on trouue des lumieres esclairantes en pieté: ceste demoiselle desolee ayant eu logis selon sa qualité, recent la visitatiõ de ces bõs freres qui ayãs ouy parler de sa tristesse & de ses deuoirs passez vers le deffunct, lui laisserẽt vn de leurs cõfreres pour la consoler: cestui-ci apres auoir ouy les lamentatiõs de ceste femme, entendu ce qu'elle disoit de ses resolutiõs, & ressenti en soy la pointe de pitié, se mit de tout son pouuoir à lui faire gouster les effets de la cõsolation, & se mit à lui faire des remõstrances de telle vehemẽce d'esprit, que biẽ tost il la disposa à pẽser autrement qu'elle n'auoit deliberé: & cependãt qu'il lui persuadoit, que ce mort n'auoit plus de frequentation auec nous, & que se seroit dõmage qu'elle se consumat en pleurs & tristesses, perdant son temps en lamẽtations, pour vn suiet auquel cela ne touchoit plus, il lui fit entẽdre que les viuans valoiẽt mieux que les morts, & de fait se rẽdit si familier auec elle par les beautez de sõ discours, qu'elle se trouua toute trãsinuee, & son desplaisir se chãgea en amour, & tel qu'en mesme instant les aires en furent prises & donnees: mais ce ne fut que cõmencement, il estoit questiõ d'acheuer en continuant ceste fortune, à quoy le pauure amant ne trouuoit aucun moyen, ains au cõtraire se voyoit perdu par la descouuerture qui auiendroit de son affaire si elle estoit sceuë, elle qui auoit vn esprit prõpt, inuentif, & de grãd preuoyance, le fortifia & lui monstra le moyen de se contenter & de poursuyure, lui enseignant vne voye aisee de se cacher & d'eschaper pour venir auec elle, que lui ayant cõmuniquee ils executerent. Ils prirent le corps du defunct & le mirẽt au lieu du religieux, & lui il se glissa dans la biere: & aussi tost partirent. Il leur fut aisé d'eschapper car la frãchise n'estoit qu'à vne lieuë de là. Ceux de la maison estimerent que le Sage consolateur estoit en sa chãbre, à regaigner de repos ce qu'il en auoit perdu la nuict à recõforter la desolee, & cepẽdant il gaignoit païs auec la Belle, qui le fit leuer du lieu piteux, & l'ayãt fait habiller proprement l'emmena chez elle, où depuis elle s'est dõné du plaisir auec lui, & possible auec d'autres, car celle qui le preste à vn le cõmuniquera biẽ à plusieurs, & sãs difficulté à tout autre qui se presẽtera, dequoy ie cõclus que les Dames aymẽt moins, & que l'hõneur de bien-aymer nous appartient.

Gnorise. Ie ne veux pas excuser celles qui faillent, s'il est vray qu'il y ait des dames qui se debãdent du deuoir, mais ie prouueray que les hommes ne sont pas meilleurs les vns que les autres, d'autãt qu'ils cheminent d'vn mesme train, ioint qu'ils n'ont autre pensee que d'imaginer les moyẽs de destourner les femmes pour leur plaisir, & puis apres ils se laissent enuahir par les plus disgratiees. Ainsi il y a plusieurs hommes qui ne sachans que c'est de bien-aymer abandonnent des femmes sages & chastes, pour suyure desbordément des simulachres viuans qui sont sans grace. Il est vray qu'il se trouue de certains animaux qui ont la similitude de femmes, apres lesquels les hõmes insensez courẽt à bride abatue, & sans cõsiderer la difference qu'il y a entre les faueurs d'vne femme qui ayme auec hõneur, & les insolences d'vne effrontee qui n'a d'affection que ce qu'elle fait semblant pour attrainer les misera-bles à perdition, se glissent où l'effrence concu-piscence les alleche, ie pourrois en deduire trop d'exemples à la honte perpetuelle de ceux qui se fouruoyent du sentier de la vertu: mais i'ay hon-te que mes leures soyent profanees de tels di-scours: Toutesfois puis qu'il faut debatre pour la verité, il est conuenable que ie mette en auãt vne histoire, qui me seruira de pointe contre ce qui a esté dit, au desauantage des Dames, si cela les touchoit. Vn bourgeois honorable en apparẽce auoit espousé vne belle ieune Dame doüee de vertus tant apparentes qu'interieures, & telles que si son mari eust sceu le thresor qu'il posse-doit se fut estimé tres-heureux, & en eut fait tel cas, que sans cesse il se fut tenu pres d'elle, & ce plus pour estre instruit à la vertu au contentemẽt de l'ame, que pour le rassasiment du corps au gré des sens. Le premier feu de sa cõcupiscence estãt appaisé en ce ieune homme, il commença à ne faire plus d'estat de ce qui estoit à luy, & dont le merite estoit parfait, & se mit à la recherche de la femme d'vn homme d'estat, laquelle sans s'esti-mer du sexe egal à la vertu, ains glissant au natu-rel de sa naissance, qui n'estoit que d'estre vn ani-mal sensuel, oublia toute honte, & s'adonna aux miserables plaisirs d'incõtinence & lubricité, & receut ce personnage, vrayemẽt si ceste folle eut eu quelque apparente grace qui eut peu effacer l'esclat de l'autre, encores on eut peu esplucher quelque meschãte ombre d'excuse pour le bour-geois, mais elle en estoit du tout differẽte si qu'il estoit condẽnable. Auec ce que ceste belle beste estoit d'assez mauuaise rencontre, elle estoit rude & fascheuse, dépite & insuportable: mais son insolent amy estimoit sa maligne façon vne galante humeur, ceste rudesse dõt elle se redressoit, il la disoit grace altiere; son dépit il le publioit estre grandeur de courage, & son importune laideur il la contoit pour vn ær de majesté qui ne flatte point, son arrogance lui sembloit vn port magnifique, par lequel elle surpassoit en bien seance les plus accomplies: vrayement c'estoit là qu'Amour estoit aueugle, & que sa viue rage dominoit sur vn cœur. En ceste folle humeur, ce ieune homme se rendoit captif de ceste perdue, auec tant de vehemẽce qu'il n'auoit felicité qu'à la caresser: Elle qui cognoissoit la stupidité de ce seruiteur, le gratifioit quelquesfois de ses plus exquises faueurs, puis quelquefois les lui faisoit si cheres qu'il en estoit au mourir, tant l'impudence de ceste folle le transportoit: aussi le sçauoit elle rendre ioyeux & triste quãd il lui plaisoit, & lui iouãt mille traits de desplaisir tiroit son plaisir de lui, arrachant le plus beau de ses commoditez qu'il tiroit d'aupres son agreable femme, en l'incommodant pour accommoder ceste depiteuse vilaine. Vne fois entre autres qu'il estoit auec ceste laide, dérobãt ce qui ne lui deuoit pas appartenir, voici heurter à la porte vn sien autre fauori, auquel elle auoit dõné but: O miserable, moy, lui dit-elle, ie suis perdue, c'est mon mary, & vous infortuné, sauuez vous, le pauuret sauta par la fenestre en la court, & de malheur où expres la trape de la caue estoit ouuerte, & il y cheut & se froissa tout, & encor ceste douleur, tant il estoit hebesté, ne lui sembloit que fleurs. Quād il fut retourné en sa maison il se mit au lit pour se faire penser, & il fut secouru de sa benigne femme, qui ne se doutant point de ses desbauches, creut la fortune telle qu'il luy voulut conter, & cependant elle le sollicita de tout son cœur, auec tout amour & courtoisie de courage.

Il void ceste douceur tant pudiquement aymable qui le flatte si amiablement, & auec des attraits si chastes, que l'honneste amour en naissoit, & toutesfois il souspire en son ame & gemit pour la beste cruelle qui prēd plaisir à le perdre. Est il guari? il retourne au labirinthe de son malheur, s'estimant encor trop heureux, s'il peut voler à grand peine vn baiser de ceste lasciue, qui feint le lui laisser rauir en crainte. A la fin le mary de ceste louue, qui a les yeux assez clairs, s'apperceuant des fautes de sa femme, que sage il voudroit ne croire point, mais cacher, ne peut se contenir d'auātage. Et pource se deliberant d'y mettre ordre paroist de visage changé, dequoy la desloyale s'apperceut, & ne voulant pas estre preuenue, practique son bourgeois, & lui fait entendre non ce qu'elle scauoit de la pretention de son mari, mais la feinte d'amour dont elle l'attiroit, lui disant qu'il n'y auoit plus moyen d'estre en peur continuelle, & qu'il failloit se liberer: A ceci il se resout, & soudain amassant ce qu'il peut l'enleua, & faisant paquet auec ceste sienne tant aymee, changea de païs, pour courir fortune auec ceste meschante; laissant vne sage femme & belle en la compaignee de laquelle il auoit du repos, pour courir miserable auec vne meschante qui le tourmente inceſſamment, lui reprochant qu'il l'a volee à ſon mary, adiouſtant auec tels conuices, infinité de tourmens qu'il a ſupportez longuement, & tant que ceſte infame eſt decedee, dõt il a pris tant d'ennuys qu'il ſ'en eſt allé vers les deſerts, ſans que depuis on en eut ouy nouuelles. Ceci me fait conclure, que les hommes ont moins de vertu que les Dames, & ne ſcauẽt point aymer ce qui eſt aymable, ains ſuyuent ſans plus pour la plus part leur honteuſe cupidité.

Le Conſeil fut fort long temps à ſe reſoudre ſur ceſte difficulté, à la parfin apres pluſieurs gracieux debats, il fut conclud. L'Empereur refuſa de pronõcer, & auſſi fit la Souueraine; Il alleguoit qu'il eſtoit en cauſe, elle diſoit que ſon age luy oſtoit le ſimple rang de fille: dont l'honneur n'eſtoit point touché icy, ſurquoy ils auiſerent vn expedient: c'eſt que Loſnis dicteroit à Oloclirec l'arreſt qu'elle prononceroit. Adonc furent appellees les deux Dames, & apres que Loſnis eut eu le commandemẽt de l'Empereur, elle ſ'aprocha & entendit les paroles de la reſolution qu'elle veint raporter à Oloclirec, laquelle aſſiſe au ſiege de la Souueraine, prononça cét arreſt.

Le Conſeil ne prend point cognoiſſance de ce qui outrepaſſe les loix de raiſon, ayant ſeulement égard à ce qui eſt conduit par la vertu: Et pourtant il abandonne à leur ſens reprouué les eſprits qui ne ſe veulent pas addreſſer ſelon le deuoir, donnant & attribuant le tort à ceux qui ſont cauſes du mal, & declarant indignes les cœurs qui tranſgreſſent.

La ſage Oloclirec n'eut pas entrepris ceſte charge, ſans l'exprés commandement de la Souueraine, à laquelle elle deuoit en ce lieu toute obeïssance, & d'auantage ne l'eut pas voulu en la presence de Lõfuis, à laquelle elle le cedoit, n'eut esté qu'il auoit esté ainsi auisé pour la bienseance. Ainsi ces deux furent contentes de cét honneur également distribué, & firent paroistre leur obeïssance, sans vouloir autrement cognoistre de la raison pourquoy il se faisoit en la sorte, n'ayant soin que d'obeïr à leurs superieurs.

Incontinẽt les flustes que les musiciens auoiẽt aprestees, firent deuoir de s'accorder, & ayans resonné vn verset les Nymfes le redisoyent, en accords entiers, faisant entendre ceste louange du verd, qu'vn amant auoit fait en la faueur de l'excellente Matalirее.

Au printemps que tout renouuelle,
Que de sa couleur la plus belle
Tout se repare sous les cieux,
Sous la verdeur de toute plante
On void l'espoir qui se presente,
Au gré des hommes & des Dieux.
Les fleurs diuersement ornees,
Sont esteintes ou tost fanees,
Par le froid le vent, ou l'ardeur:
Elles se changent en peu d'heure
Mais le seul verd tousiours demeure,
En tout suiet qui a vigueur.
Le verd symbole d'esperance
Doucement monte auec l'essence
De toute plante en tout endroit,
Si par vn deffaut de Nature
On voyoit faillir la verdure,
A l'instant tout espoir faudroit.

La vie & l'espoir s'entretienent,
Et l'vn par l'autre se maintienent
L'vn perissant l'autre n'est rien:
Aussi tout ce qui est en vie
Au verd a son essence vnie,
Comme au bon signe de son bien.
Ainsi ceste couleur plaisante
Qui l'esperance nous presente,
Et qui nous l'a fait conceuoir
Sera sans cesse en ma memoire,
Et l'asseurance de ma gloire
Sera tousiours viure en espoir.

Ce chant acheué les deux Amans se presenterent, & la sage Mataliree dit à son poursuiuant, Que vous sert-il d'esperer, si vous n'auez vn sujet pour arrester vostre esperance? GELASE. Pourquoy faignez vous ignorer ce que vous sçauez bien, & faites semblant de ne cognoistre pas que i'ay arresté mon esperance en vous? & que ie croy que ie ne seray point confus? MATALIREE. Comment mettriez vous vostre esperance en moy, veu que ie ne suis point vostre, & que possible i'ay vn autre seruiteur accepté. Ie sçay biẽ & le dis sans presomption, car il est vray, que ie suis recherchee d'infinis de toutes qualitez, qui tous croyent qu'ils receuront de moy vn abisme de cõmoditez, & vous sçauez bien aussi que le nombre de ceux qui me desirent, est tresgrand, & s'il y a bien plus, c'est que beaucoup se vantent de mes bonnes graces, & que ie leur suis propice, & ils ne me cognoissent pas, qui font estat de me voir & ne sçauent où ie suis, qui me tienent pour leur Dame recognue, & sujet vnique de leurs amours, & ils ne me veirent iamais, ils m'attribuent que ie suis à eux, & n'ont oncques traité auec moy. GELASE. Ie ne suis pas si miserable que ceux-là, car i'ay l'heur de vous voir, ie perçois la felicité de parler à vous, & i'ay la commodité de vous offrir mon seruice, non en idee mais en verité, si par defaut de ce bien les autres sont frustrez de ceste gloire, & d'estre à vous, il y a raison par ce qui paroist qu'il vous soit agreable que vous soyez mienne, & que ie sois receu de vous. MATALIREE. Ie vous ay proposé ce que ie suis, & que difficilement vous puis-ie receuoir, parce que possible nos esprits ne pourrōt consentir l'vn à l'autre, & partant il n'y a pas moyen que ie vous accepte. GELASE. Si suis ie assez beau, galant, & vertueux pour vous obtenir, aussi rien ne me destournera de mon dessein, d'autant que si vous n'estes à moy ce sera pource que ie seray trop malheureux. ie ne lairray toutesfois la poursuite qui me rend vostre affectionné, & vous feray tant de bons offices en vous rendant du seruice, que vous aurez regret de m'esconduire. Ie vous suis humble, ne me soyez point difficile, ie vous recherche, ne me reiettez pas: Ie vous iure que tant que i'auray quelque esprit de vie, il sera employé à vous honorer: considerez-le, & ne desesperez point vn cœur dont vous pouuez tirer de la cōmodité & de l'honneur par son seruice legitime. MATALIREE. Croyray-ie ces beaux discours. Ne sont-ce, point feintes? ces belles reparties que ie pense estre desguisemens, pourront-elles sur moy afin de me fleschir à croire ce que vous proferez auec telle vehemence, qu'il semble que la verité & vos paroles se planchent sur vn mesme ær. A dire vray vous me presentez des offres bien recherchees, mais

Celà est ordinaire à ces accortes ames,
De se sçauoir ayder de leurs inuentions,
Et feindre à leur plaisir des passageres flames,
Pour sonder ce qui est de nos conceptions.
Ainsi vous vous ioueZ de vos belles idees.
Ainsi vous voletez sur l'æsle des plaisirs,
Mais les Dames qui sont par la vertu guidees,
Cognoissent par la fin, la fin de vos desirs.
On conte toutesfois que les ames touchees
De veritables traicts, ne peuuent s'exprimer,
Et que celles qui sont moins d'amour empeschees,
Disent mille fois mieux la passion d'aimer.
C'est comme il faut passer les momens inutiles,
C'est comme il faut leurrer les esprits ignorans,
Aux discours on cognoit les langues plus habiles,
Et aux effets on voit les courages galands.

Gelase. Ie me fay tant fort de la bonté de mon cœur, & de vostre bel esprit, que ce que vous auez maintenant profetisé, n'est pas à bon escient pour mon regard, aussi celà estant comme on le prendroit, à l'aparence, vous me feriez tort, & à vous qui auez tant de iugement que vous lisez és ames: Et tant de courage que ie ne daignerois m'occuper que pour vn suiet de merite & de vertu: car i'ay l'ame trop digne pour la vouloir prophaner à des obiets inutiles. Et puis vn cœur qui s'est addonné à la recherche de ce qui le vaut, sçait bien s'expliquer, & ie vous veux repartir par ce peu, attendant le plus que mon ame medite excellemment pour vous vaincre :

Si vous faictes estat des profits de la gloire,
Faites estat aussi de mes affections,
Car tant que de l'honneur il sera fait memoire,
Je feray faire cas de vos perfections.

Si vous brauez tant sur la vertu, n'auez-vous pas assez de prudence pour faire essay de moy? engagez-moy sans vous obliger, que vous ne soyez seure de ma loyauté qui est sincere, ainsi que mon affection est naifue, & sans artifice, Aussi

Ma Maistresse vous scauez bien,
Que ie ne vous demande rien,
Que ce que l'honneur nous propose,
Ie suiuray tousiours le deuoir,
Aussi selon vostre vouloir,
Mon cœur tout humble se dispose.

D'auantage, s'il est question d'auoir de la valeur, & que la mienne ne vous semble suffisante, donnez-m'en, excitez-la en moy, ou bien me laissez aduancer en la mienne, & vous verrez en toutes sortes que ie paroistray en effets, qui me feront non seulemẽt estimer digne de vous, mais meriter que vous soyez à moy. MATALIREE. Et bien, ie veux entrer & demeurer en telle opinion que ie ferois tort à la grãdeur de mon courage, si vous ayant poinçõné, ie ne demeurois au terme où vous me recognoissez, & i'ayme mieux deschoir de ma resolution qui estoit de n'admettre aucun en mon amitié, que de vous laisser sans vous obliger à moy; Mais y pensant que feray-ie à ces pauures ames innocentes qui ſont affligees de mon amour ? à tant de Dames qui bruſſent inconſiderément pour moy, ſans rien deſirer de contraire à la vertu ? Que leur feray-ie ? Elles me veulent auſſi bien que vous ! C'eſt fait, ie me veux reſoudre, ie pretens qu'vn courage maſle me poſſede, s'il peut, & qu'il y eſſaye, & pourtant aduiſez à vous, parce que s'il aduient que vous veniez à manquer, vous feriez vne grande tache à voſtre ſexe, & à vous : Et comme au linge neuf vne petite ſalleté paroiſt extrememẽt, la tache que vous acquerriez vous ſeroit plus ignominieuſement deſaduantageuſe qu'à vn autre : d'autant que par vos diſcours & comportemens, les premices de vos amours me ſont engagees, eſquelles s'il y a de l'erreur, elle ſera fort manifeſte, & le tout touſiours retournera à ma gloire, car on ne m'accuſera pas, mais vous qui n'aurez ſçeu vſer de voſtre bonne fortune. Ainſi ie vous concede que ſoyez à moy à ce que vertueuſement vous faciez que ie ſoye à vous, & que voſtre reputation redonde à mon honneur. Aduiſez à ne faire faute à la vertu, ie vous accepte doncques & à la charge, pour deſtourner toute opinion ſiniſtre, que vous n'aurez autre but que l'honneur ny conduite que la raiſon. Gelase. C'eſt fait, il n'y a plus moyẽ de s'en dédire, ie ſuis reſolu à ce bon-heur que ie conſerueray toute ma vie, & encores au delà, ſi on y a quelque reſſentiment des delices d'amour. Or Madame le bien de ma fortune eſtant arreſté à l'obligation que i'ay de vous ſeruir, il conuient que ie m'y diſpoſe ſelon la perfection des plus iustes desseins, qui excitent les cœurs fideles. Et pource que mes propres imaginatiõs sont le plus souuent friuoles, & quoy que nous ayons resolu en nostre courage, il n'en peut rien reussir d'auantageux, si la fin n'en est acceptable, il est necessaire pour auenir à vn terme raisonnable, que nostre ame recherche en la source de sa fidelité, ce qu'elle doit suiure, à fin de ne se transporter apres des vaines pensees, partant ie iuge que si ie me propose des effets pour le seruice que ie vous doy, parauanture la rencontre n'en sera selon vostre desir, & i'auray trauaillé en vain. Parquoy afin de ne perdre le temps, car le perdre est la plus malencontreuse desconuenuë qui puisse aduenir, ie m'addresse à vous, mon vnique surion de mon bon-heur, pour receuoir vos commandemens, pour autant que c'est de vous qu'il faut que i'entende l'ordonnance des dispositions de mon cœur, ayant resigné entre vos mains toutes mes volõtez. Ie vous supplie de les incliner par la puissance que vous y auez, & me designant les particularitez de mon deuoir, prenez du contentement à me voir deuotieusement addonné aux sinceres demonstrations de mon obeissance, suyuant les reigles de vostre plaisir. MATALIREE. Quand ie vous auray obtemperé, me pourray-ie asseurer que vous ne commettrez aucun default. Vous scauez qu'il n'y a rien tant libre que promettre : aussi n'y a-il obligation si forte que la liaison que fait la promesse. GELASE. Les effets comme vous l'auez proposé, seront le tesmoignage de mon deuoir, & cependant il faut que ie dilate mon cœur en vostre presence, &ie vous prie d'en receuoir l'humble souspir qui represente ma passion naifue,

Quād vos yeux n'estoient point les astres de ma vie,
Ie ne ressentois pas pour eux d'afflictions,
Mais or auec douleur mon ame se soucie,
Par eux sentant l'effort de toutes passions.

Esloigné de soucy i'auois la patience
Logee en mon esprit auec tranquillité.
Mais quand ie fus reduit à vostre cognoissance,
Des trauerses d'amour ie fus inquieté.

Que l'heur que ie reçoy d'estre vostre ma Belle,
Me sera cher vendu au prix de la douleur,
Et vous n'en pouuez mais, la fortune cruelle,
Pour troubler mō amour mesle ainsi mō bō-heur.

Sans cause ie me plains, mais pardō ma Maistresse,
On peut en son trauail ses douleurs esuenter.
Doncques permettez-moy lors que l'amour me blesse,
De pouuoir doucement en mon mal lamenter.

Ce n'est point mon amour qui ma douleur excite,
La cause en est trop belle, & l'obiet trop parfait,
Mais ma fortune estant paresseuse & petite,
Ie suis au cœur frapé, mais bien d'vn autre trait.

Mon bien vient de l'amour, & mō mal de fortune,
Qui mesle mō bō-heur d'angoisse & de tourment,
L'amour m'est gracieux, mais ce qui m'importune,
Est que ie n'ose auoir d'espoir en vo⁹ aymant.

Ie ne sçay que des deux mon cœur voudroit eslire,
Ou n'estre point à vous, ou bien ne viure pas,
Et ie ne sçay iuger lequel seroit le pire,
Ou ne vous aymer point, ou souffrir le trespas.

Mais ie sens tant de bien de loger en mon ame
Le bien-heureux soucy qui me fait vous aymer,

Que i'aime bië mieux viure, et souffrir en la flame
Qu'õt voulu vos beaux yeux en mõ cœur allumer.
Ma belle excusez-moy, considerez ma peine,
Que nul ne peut penser s'il n'aime comme moy,
Vostre amour est mon aise, & le mal qui me gesne,
Est qu'en ma passion des ennuis ie preuoy.
Ie me consommerai, ie cherrai tout en cendre,
Je serai le patron de toute loyauté,
Mais pour mes passions ie n'ose rien pretendre,
Car vous ne pensez pas à ma fidelité.
Et bien quand ie deurois en ma perseuerance,
Priué de tout espoir sans cesse souspirer,
Si ai-ie tant d'amour auec toute constance,
Que ie suis bien content sans plus rien desirer.
Toutesfois ie ressens tant & tant de trauerses,
Dont ie suis sans repos par l'amour agité,
Que ie me perds quasi dans les peines diuerses
Du mal qui m'accompagne auec ma fermeté.
Mon accompli bon-heur est vostre belle grace,
Tous mes plus chers desirs n'ont point d'autres
obiets,
Mais vn sort dédaigneux to⁹ ces plaisirs efface,
Entremeslant la crainte auec mes bons souhaits.
La crainte qui d'ennuy mon ame sollicite, (mieux,
N'est pas que i'aye peur que quelque autre ayme
Mais Madame ie crain quë mõ peu de merite
Cause que ie vous sois à la fin ennuyeux.
Mon cœur en est troublé, & mon ame estonnee,
Vous le pouuez iuger par ce discours fascheux,
C'est pource qu'en naissant ma triste destinee
Me rẽdit braue amant, mais amãt malheureux.
Voyez comme vn erreur vn autre erreur attire,
Dans vn esprit surpris d'vne maligne humeur,
Non ie ne pense pas qu'heureux on s'ose dire,

Si l'on n'a quelque traict de vos yeux dãs le cœur,
Ie suis doncq trop heureux d'auoir en mon courage
Le fidele dessein qui me fait vous seruir,
Cy apres ie prendray tout à mon aduantage,
Rien ne me pourra plus ceste grace rauir,
Il n'y a plus qu'vn mal qui mon esprit offence,
C'est que ie suis souuẽt trop distrait de vos yeux,
Il n'est malheur égal au mal de ceste absence,
Car tout autre malheur me seroit gracieux.
Or soit ce que pourra, ie vous seray fidele,
Rien ne destournera ma belle affection,
Par l'effet vous sçaurez les ardeurs de mon zele,
Car l'effet iugera de mon intention.

Bien que l'Empereur fut attentif au discours de ces amours, si ne laissoit-il de considerer vne Demoiselle qui estoit comme il pensoit en impatience, & toutesfois auec contentement. C'estoit Orfuse, laquelle auoit esté appellée à l'anniuersaire estant accusee d'amours qui sembloient illegitimes, à cause qu'elle s'estoit à ce qu'on disoit, mariee clandestinement, & le Procureur general l'auoit fait assigner pour venir declarer son courage: attendu qu'il ne faut icy pretendre qu'à l'honneur. Ainsi qu'elle vid que ces amans auoient cessé leur propos, elle se vint presenter deuant la Souueraine, C'est à vous, dit-elle, Madame, que ie declareray ce que i'ay au cœur, Vous, Sire, vous m'excuserez, d'autant que i'ay vne pensee qui m'empesche de m'addresser à vous, c'est que tous les hommes du mõde ne me sont point en estime, ie ne fay estat que d'vn seul, ie prie vostre Maiesté de m'en excuser, ie sçay qu'elle le fera, d'autant que ceans

nous

nous ne reuerons autre Maiesté seconde que celle de l'Amour. L'EMPEREVR. Pourquoy nous interrompez-vous ? ORFVSE. Pource que ie suis interrõpuë, & que i'vse des priuileges des Amans, qui sont de prendre toutes occasions. L'EMPEREVR. Mais en ce lieu de Maiesté osez vous empescher le conseil, n'auez-vous point peur d'encourir amande ? ORFVSE. Sire, ie ne puis empescher les deliberations des sages, & puis tandis qu'ils consultent, ie leur fay vne ouuerture qui parauanture aduisera leur sens : Sire, sçachez qu'vne petite goutte mesprisee soustient sur le bord du chandelier vn reste de flambeau qui l'excede en tout presques infiniment, & toutesfois l'ayde manifestement. ainsi ie seray possible cause de faire soustenir auiourd'huy vne colomne de ce Palais : oyez doncques tous ceste appellee pour sa iustification : Et vous Madame, oyez ma declaration : Ie ne veux point mettre de dissention entre les autres amans, & nul qu'vn n'a sceu & autre ne sçaura la deliberation de mon cœur : Ce que ie fay icy par commandement, est que ie proteste de mon zele, pour le manifester à tous, comme ie l'ay fait sentir à mõ parfait. Et ie iure (pẽsez en ce qu'il vous plaira) que ie suis tant & si loyalement affectionnee de celuy auquel ie suis, que quand il y auroit du scandale en mes amours, si est-ce que pour l'honneur de l'Amour, & à cause de la fidelité de mon cœur vnie à ses perfections, i'eslirois plustost qu'on estimast de moy que ie fusse sans plus sa mignonne d'amourettes estant à luy, comme ie suis, tout tiltre d'honneur osté, s'il y escheoit, que d'estre la femme d'vn Roy, & ce que ie dy, ie le profere de l'abondance d'amour, qui est mon vnique honneur.

D'autant que c'estoit vne Demoiselle qui parloit, on la souffrit, pour la reuerence deuë aux Dames, & puis elle estoit appellee : & il falloit auoir esgard que son ieune cœur estoit d'amour, parquoy le conseil l'ouyt, si que meslant tout ensemble, veu la consequence & le iour, les auis furent portez à l'Empereur, qui prononça,

Vous estes tous renuoyez à l'Iris de cognoissance.

DESSEIN QVINZIESME.

Hymne sur la couleur de Matalirce. Discours du curieux Glaucigelle auec la Soueraine. Interpretatiō de Optimum philosophari, melius viuere. *A qui conuiennent ces gentillesses. Amours estranges. Depart de l'amant incognu.*

CE qui s'estoit passé auoit mis en la fantaisie de l'Empereur plusieurs pensees : parquoy il se leua pour s'aller proumener & changer de plaisir. Et comme il estoit en ce geste, & que ia ceux qui deuoient le suyure se preparoient, le chœur de la Psallette disposé à bien faire, entama vne musique entiere, celà le retint, car c'estoit vn de ses plus accomplis passetemps: oyant le commencement du concert, il demanda au Maistre les vers du suiet, il luy dit que c'estoit vne assemblee de couplets en hymne de la couleur aymee par Mataliree, de laquelle couleur au Palais estoient en plusieurs lieux les liaisons des pierres, l'entretien des carreaux, les assemblages du mesnage, les filets des chassis des tableaux, & estoit ceste couleur composee de iaune paillé & d'orengé. Sa Maiesté prit plaisir à l'ouyr chanter & dire, aupris qu'on reprenoit les versets addressez à la belle sur la signification de sa couleur.

Soyez grande de cœur comme vous estes belle,
Ne prisant que l'estat de vos opinions,
Puis que vous choisissez ceste couleur fidele,
Pour symbole accomply de vos affections.
De la couleur de paille & de celle d'orenge,
Ceste viue couleur reçoit sa mixtion,
Et sous le doux effet de cest heureux meslange
Se trouue l'accomply d'vne iuste vnion.
Beaux esprits qui cherchez la belle conuenance,
N'ẽpeschez ie vous pri, ces beaux desirs naissãs,
Et si de ce proiet ie tire la constance,
Concedez pour l'amour ces desseins innocens.
Quand bien ceste couleur seroit toute contraire,
Aux vertus que mon cœur luy fait signifier,
Pour autant que l'amour me contraint d'ainsi faire,
Pour l'amour il vous faut l'amour gratifier.
Ia le iaune paillé tesmoigne iouyssance,
C'est la perfection qu'on recherche en desirs,
Et l'œil de l'orengé designe patience,
Sa vertu moderant l'aigreur des desplaisirs.
Ceste belle qui sçait qu'elle a toute puissance

Dessous infinis cœurs adorans ses beaux yeux,
Iouyssant de cet heur dont elle a cognoissance,
En patience attend pour eslire son mieux,
Voilà comment elle est fidellement constante,
Sans se laisser rauir à d'autres qu'à son cœur,
Aussi comme en desirs son ame est permanente,
Elle pretend au chois d'vn pareil seruiteur.
Belle qui rauissez toutes les belles ames,
Qui excitez en nous vn precieux souhait,
Si vous vous ressentez de nos pudiques flames,
Choisissez d'entre nous le cœur le plus parfait.
Puis que vous vous parez d'vne constance sage,
Ayez vn seul obiet pour but de volontez,
Lors que sur vn suiet vous aurez du courage,
On verra vos desseins sagement limitez.
Mais i'ay crainte qu'ainsi que ceste couleur chãge,
Qu'elle va ternissant vsee par le iour,
Que la constãce en vous prenãt vn estre estrãge,
N'aille esuanouyssant pres les flames d'amour.
Pardon, Belle pardon, ie vous croy veritable,
Et que rien ne scauroit vos desirs esbranler,
Mais pour scauoir au vray ce hazard tant notable,
Constant ie voudrois seul à vos yeux me brusler.
Ce n'est gueres d'auoir la constante apparence,
Il faut prendre vn suiet seruiable & constant,
Ie scay bien comme il faut viure en obeissance,
Que ie sois donq l'obiet de vostre esprit content.
Mais ie me feins ici des volantes chimeres,
Vostre constance estant constante en son humeur,
Vous croiez que mes vœux sont paroles legeres,
Ne faisant pas estat de ma fidele ardeur.
Seule il vous est aduis d'estre constante vnique,

Rien constant n'esgalant vostre braue penser,
Et de si beaux desseins estes tant magnifique,
Que vouloir vous seruir seroit vous offencer.
Belle vous serez donq constante recognue,
Pour estre le patron des courages constans,
Mais ne soyez pas tant à vostre humeur tenue,
Que passant vos beautez vous perdiez vostre temps.

Cet ær, comme son suiet, fut fort agreable à l'Empereur qui desira de sçauoir qui l'auoit fait, & dés l'heure en fit faire inquisition, mais il n'y eut pas moyen d'en rien apprendre. La Belle en la faueur de laquelle il a esté souspiré scait qui est le cœur qui par ces attraits l'inuite à se presenter à l'iris de cognoissance à cause d'elle, à ce qu'il sçache s'il est aymé auant que se descouurir. Gelase tout esmeu ne fit pas semblant de l'vlcere qu'il en a au cœur, mais quoy que ce soit, il se delibere d'attendre la fortune, scachant qu'il obtiendra si d'auanture le destiné Huxuree ne luy rauit son bien, car la belle sera pour l'vn des deux. Or comme on chantoit, il entra en la sale vn Gentilhomme de façon assez belle, & de geste vn peu trop braue, ayant auec sa mine courtoise vne rencontre desdaigneuse, meslee toutesfois de respect : sa belle apparence fit que meslé en l'assemblee il parut non comme comparoissant ou requerant, ainsi que vassal d'Amour, ains en forme de curieux indifferent, & remarquant les deportemens de chacun pour son contentement. La pause estant faite, la Souueraine qui l'auoit fort contemplé, le fit appeller & approcher, puis luy demanda qu'il cherchoit. LE GENTILHOMME. Madame, ie ne sçay si ie cherche, d'autant que ie trouue auant que chercher. LA SOVVERAINE. Que pensez-vous de ce que vous trouuez icy? LE GENTILHOMME, Tout ce qui me vient à gré, & que i'ayme est fort beau, & tout ce que ie hay est tres-laid. LA SOVVERAINE. Qui vous meut? LE GENTILHOMME. L'esprit d'amour, qui quelquesfois me fait estimer excellent ce qui autrement me seroit indifferent & possible des-agreable. LA SOVVERAINE. Qui est vostre Maistresse? LE GENT. Celle qui le voudra estre: car ie n'en ay point, ce sera tout vn, si i'en ay vne il ne m'importera, d'autant que ie recoy le contentement ainsi qu'vn gain present, & la disgrace auenant ne plus ne moins qu'vn hazard qui passe. LA SOVVERAINE. Nous direz-vous vostre nom, afin que nous vous cognoissions? LE GENTIL. Ceux qui me cognoissent me nomment Glaucigelle, pour ce que ie suis descendu de l'antique Fee, dont ie porte le nom taschant aussi de l'imiter en prudence tant qu'il me sera possible. LA SOVVER. Qui vous a nommé premierement? LE GENT. C'est ma Destinee. LA SOVVERAINE. Suyuez-vous la Destinee? GLAVCIGELLE. De bien loin, elle despesche trop de chemin, ie ne la puis suyure de pres, car elle m'emporte & s'esloigne. LA SOVV. Quel ordre y mettez-vous? GLAVCIGELLE. La resolutiõ laquelle est vne habitude qui dispose l'ame à se conformer à tout ce qui se rencontre, & à commander à soy-mesme, à ce qu'il ne semble pas que l'on soit cõtraint, mais que simplement on suit ses inclinations corrigees par la vertu. La Souver. Mais encor qu'estes-vo⁹ venu faire icy? Glaucigelle Vous contraindre selon vostre valeur à m'adresser à la perfection, La Souv. Comment contraindre? Estimez-vous que ie puisse estre contrainte par aucun? Glaucig. Ouy, car vous auez du courage, & desirez qu'il paroisse, & il ne peut sans que vous faciez demonstration de ce qui est de plus beau en vostre esprit, qui s'esteindroit plustost soy-mesme, que de se diuertir de mettre en euidence ce qu'il a d'excellent. L'Empereur. Mon Gentilhomme, ie cognoy que vous auez de la valeur & de l'industrie à destourner les braueries des Dames par vostre galanterie, par laquelle mesmes vous leur releuez le cœur: acheuez ensemble, Celà dit, l'Empereur sortit pour aller vn peu prẽdre l'ær, il prit le chemin du grand Palais, & y fut conduit par la porte septentrionale, voulant entrer il vid ceste sentẽce latine escrite en lettre d'or, *Optimum Philosophari, melius viuere*. Cecy, dit-il, n'est pas mis là sans cause. Mais l'examinant il faut que i'y pẽse, de dire il est tres-bon de Filosopher, & toutesfois qu'il est meilleur de viure. Qu'y a-il en la vie de bõ sinõ Filosopher? Le plus sage des Filosophes disoit, que la Filosophie estoit vne perpetuelle meditatiõ à la mort: cõme voulant dire que ceux qui Filosophoiẽt estoient desia ainsi que separez de leurs corps, & partant iouyssans du plaisir que sauourent abondamment les Intelligẽces superieures, auec lesquelles on cõmunique librement, estãt hors de ce corps. Celà posé, ie penserois contrarieté, disant que le viure fust le meilleur. Il y a icy quelque chose de caché SARMEDOXE. Sire, celuy qui a fait poser ce symbole, n'auoit pas alors l'intention de la sorte que vous la tournez, bien qu'il fust de vostre opinion, qui est la meilleure, & veritable, mais il l'applique au siecle declarant veritablement qu'il n'y a rien de si excellent aux mortels, que de Philosopher, c'est à dire, rechercher curieusement les causes & effets de nature, auoir son esprit occupé aux douceurs des belles inuentions, l'addonner à vn excellent amour, pour celebrer heureusement vne chaste Maistresse, & s'amuser sainement à toutes nos belles delectations: Ouy il l'asseure, comme il est vray, que ceste condition est tresbonne: Mais il adiouste, que viure vaut mieux. C'est icy le point exquis, & le vray nœud, car par là il demonstre le deuoir à chacun selon sa qualité & vacation. Viure en ce monde est faire son deuoir: A ceux qui ont commandement sur les hommes est de les regir, dresser & maintenir, & puis à cecy adiouster les belles delectations: Aux autres viure est proprement auoir le moyen de passer ceste vie auec honnestes commoditez, lesquelles ayant on peut s'entremettre de ces gentillesses: Et si on ne les a point, il conuient apprendre les arts par le moyen desquels on peut viure du sien en toute douceur de vraye liberté, que ie definiray selon qu'il me souuient d'vn fragment de mes antiques meditations,

La liberté est à son desir viure,
Et non contraint de soy les loix ensuiure
Suyuant tousiours de cœur la pieté.

En ceste façon on peut se donner le beau contentement, car de penser s'adonner à ces belles gentillesses, que nous allons retraceans en ces lieux, & estre pauure, c'est multiplier sa misere, & s'engager mal à propos, en vn beau labyrinthe où l'on se perd gayement. Il n'est donc pas seant ny bon, à ceux qui n'ont point du tout fait de fortune, ou n'en ont point d'acquise ou delaissee, de venir en ces lieux pour s'y arrester du tout. Et aussi ceux qui le peuuent, ne doiuẽt s'y addresser que pour y trouuer le moyẽ de se rendre plus accomplis, car la decence veut bien qu'à l'vtile on mesle le plaisir. Et pour conclure auec luy, possible que le plaisir qui sera trouué icy, est tel que le profit en est admirable à ceux qui rencontrent bien. L'Empereur satisfait de ceste interpretation passa outre, & vid deux belles figures fort antiques, lesquelles on auoit apportees des Indes, du lieu mesmes où les anciens Gymnosofistes habitoyent, l'vne des figures estoit la representation de Stridiolante & l'autre de Beriostant, qui fut le fidele amant de ceste Dame abondante en grands moyens, laquelle aymable entre les belles, luy portoit de l'affection, & toutesfois elle n'aymoit rien: ce qui estoit cause qu'il la recherchoit sans espoir que de rencontre: La façon de ceste Dame estoit fort agreable, aussi estoit elle gracieuse pourueu qu'elle ne fut point contrainte; luy il eſtoit braue en affection, n'ayant autre maiſtreſſe, qu'elle qu'il aymoit, ſans que ſa paſſion l'affligeat. Bien que toutes les Dames ſe parant, euſſent certain ſymbole de couleur affectionnee & choiſie auec deuiſe, ſi n'en auoit elle aucune, n'ayant point de particularité en ſa vie, qui peut teſmoigner qu'vn ſuiet luy fut plus gracieux qu'vn autre: ces deux ſ'entraymoyent ſans affection, & ſans ialouſie, ils ne ſe vouloyent pas beaucoup de bien l'vn à l'autre; & toutesfois leurs cœurs eſtoyent ſi mutuellement conioints d'amitié ſans amour, & de paſſion ſans eſmotion, qu'ils ne pouuoyent durer l'vn ſans l'autre, abſents ils eſtoyent en inquietude perpetuelle, preſens ils n'auoyent pas d'auantage de repos, & en l'vne ou l'autre ſorte n'eſtoyent ny bien ny mal, ils eſtoyent inceſſamment triſtes & faſchez, en s'eſloignans, & ſ'approchans, ils ſe trouuoyent trop agittez, touſiours contans & ſans ceſſe en peine. Au recit de telles amours que lui racontoit la Fee ſçauante, l'Empereur eſtoit eſtonné, debatant en ſoy-meſme comme cela ſe pouuoit faire, puis repenſant à ſa paſſion qui ſans intermiſſion lui faiſoit la guerre, il imaginoit que comme il reſentoit les diuerſitez de ſon cœur, les autres perceuoyent les emotions de leurs ames, ſelon leur diſpoſition. En repaſſant vers la principale porte, alant & venant, il ſe trouua à l'endroit où eſtoit le tiltre IEROTERMIA, il ſ'y arreſta, & comme tout Amant penſe que tout ce qu'il rencontre ſoit à ſon occaſion, il ſ'imagina vn bon & bref ſuccés de ſes affaires, & en ceste pensee retourna en la sale de l'audience, ou il eut encor le plaisir de quelques beaux discours. Vn peu deuant qu'il entrat, il veint vn page de bonne grace paré de gris, qui presenta à la Souueraine vn papier. Elle pensoit que cé fut vne requeste, & elle la reteint en sa main, estant attentiue à la fin d'vne belle cause, & cependant le page s'escoula & s'en alla. L'Arrest ayant esté prononcé, la Souueraine ouurit ce papier & voyant que c'estoit vne assemblee de couplets, demanda celuy qui luy auoit baillé ce papier, on mit peine de le trouuer, mais il n'y eut point de moyen, & pource que le sujet luy en sembla bon, elle le bailla au maistre des Chantres qui mit en musique le premier verset, à l'ordre duquel les autres seroyent chantez : ce qu'il fit de bonne grace & promptement tandis qu'elle expedia quelque gentille cause. Si tost qu'elle eut recognu que le Maistre eut fait, elle fit cesser les plaidans, d'autant qu'elle vouloit donner à l'Empereur le plaisir qu'il auoit en plus de recommandation, & luy faire ouir cét ær, exposé par vn Amant qui n'a point voulu estre cognu, & qui n'a pas declaré sa Maistresse, comme quelques vns, lesquels ont fait nommer des Dames ou ont escrit leurs noms, les taxans ou d'ingratitude ou de manque d'amour, & ne se declaroyent point. Cét Amant toutesfois & sa Dame, sont amplement decellés en la suite de ces memoires, qui ne souspirent que son amour & la gloire de la belle, qui cause ses passions & ces discours. Mais oyons auec l'Empereur cét ær.

Mon cœur ne ſera plus eſlongné de regret,
Ma vie de douleur, mon ame de detreſſe,
Mais en me deſolant en mon depit ſecret,
Mon ennuy ne ſera cognu qu'à ma maiſtreſſe.
Belle vous ſcauiez bien qu'à vous ſeule obligé,
Ie ne reſpirois rien que voſtre ſeul ſeruice,
Et que mon humble cœur par l'amour affligé
Se bruſloit à vos yeux en humble ſacrifice.
C'eſt fait ie ne puis plus, & ne veux eſperer,
Car vous auez conceu ſur moy quelque diſgrace,
Quand encor ie voudrois touſiours perſeuerer,
Tout ce que i'ay d'eſpoir par vos deſdains s'efface.
Puis que vous vous plaiſez à deſtourner le bien,
Que ie me propoſois en vous faiſant ſeruice,
Ie demeure confus, ie n'eſpere plus rien,
Car vous voulez qu'ainſi mon bien s'aneantiſſe.
Quelque inhumain diſcours vous a mis dans le cœur
Le dédain trop cruel dont vous perdez ma vie,
Ie l'ay bien recognu par la changeante humeur
Qui depuis quelque temps a voſtre ame enuahie.
He bien dedaignez moy ſans l'auoir merité,
Si aurez vous regret quelquefois de ma peine,
Et puis en vous blaſmant de ceſte legerté,
Vous me direz fidele & vous trop inhumaine.
Je me ſuis conſacré à vos perfections,
Vous croyant la parfaite entre toutes les Dames,
Mais vous voyant changeante en vos affections,

I'estouffe dedans moy, pour iamais toutes flames.
Ie ne fay plus d'estat des Dames ny d'amour,
Puis que ie suis fraudé par vne ame si belle,
Prenant le desespoir adieu ie dis au iour,
Pour entrer és ennuis d'vne nuict eternelle.
Ie ne lairray pourtant Belle à vous faire voir,
Les desseins consacrez à vostre grand merite,
Mais si tost que i'auray accompli ce deuoir.
J'iray suyure l'erreur de mon ame depite.
Belle souuenez vous qu'il ne faut pas oster
Le bon heur concedé à vn cœur magnanime,
Vne ame de valleur qui se void mal traitter.
A contraires desseins à la parfin s'anime,
Je scay que vous direz que vous ny perdrez rien,
Et que i'en auray seul, & la perte, & la honte,
Mais vous disant adieu, ma Belle ie scay bien,
Qu'en fin vous en viendrez à l'Amour rendre conte.
Seule vous cognoistrez mon dernier desplaisir,
Ainsi que seule aussi vous scauez ma pensee,
Jamais autre que vous n'entendra mon desir,
Ni les derniers regrets de mon ame offencee.
Lors que ie vous ay veue à ces dernieres fois,
J'ay recognu l'effait de vostre humeur muable,
A voir vostre façon ie vous importunois,
On cognoist aisément ce qui est agreable.
Et bien iamais aussi ie n'y retourneray,
Ma presence iamais ne vous sera fascheuse,
Ie suis tout de respect, ie me disposeray
A ce qu'a proposé vostre humeur dedaigneuse.
Puis que vous auez fait si peu d'estat de moy,
Que vous m'auez frustré d'vne douce promesse,

Estoufant en mon cœur, mes amours, & ma foy,
Pour ne plus y penser : adieu Belle maistresse.

Durant que ceste Musique se dilatoit des leures sur les oreilles ententiues, il entra vn enfant d'honneur qui veint auertir les Princes, que Platineste gouuernante des enfans de Quimalee les demandoit. Ils sortirent incontinent, laissans le bon homme Sarmedoxe pres de l'Empereur, & vindrent receuoir auec tout honneur ceste Dame, qui en receut vn singulier contentement, ils la firent bien & commodément loger aupres d'Olocliree. Les Princes sceurent par Platineste, que les vaisseaux de Sobare & de Quimalee estoyent arriuez, & qu'en ioye & santé la Royne de Sobare & la Princesse de Quimalee, se reposoyent à Tanette auec leur compaignie, attendans de leurs nouuelles, qu'ils y porterent eux-mesmes: Car aussi tost ils monterent à cheual, & veindrent au deuant des Dames en magnifique apparat pour les receuoir, & conduire aux palais qui leur estoyent preparez : cependant Sarmedoxe & le reste de la court destinee pres de l'Empereur, l'entreteindrent le reste de ce iour, puis le conduirent au Palais où son souper & coucher estoyent apprestez.

DESSEIN SEIZIESME.

Amours chastes de Giseol & Aderite. L'Entreprise de la Tyranne Garonince, pour bailler Aderite à son fils qui en deueint amoureux. Comme les chastes Amans voyoient en la lune. Les trois questions difficiles exposees par Giseol. Le cristal merueilleux, par le moyen duquel Giseol surprend Garonince, luy fait son proces, & est fait Roy.

LE beau iour s'estoit emparé du dessus de la terre, & tout rioit aux Amans, quand le Palais de Saturne fut ouuert, où l'Empereur entrant ne trouua personne: car le peuple auoit esté retenu au paruis, le Conseil & ceux que la Souueraine auoit choisis pour estre participans de ce qu'il ne faut communiquer à tout le monde, entrerent auec l'Empereur, qui ce iour estoit accoustré d'vn vestement de gris, orné de brun, selon quoy la court estoit paree suyuant l'ordonnance. Ce monarque estant entré, fit vn tour ou deux en la sale, considerant ça & là ce qu'il pourroit remarquer, & sur tout il s'arresta à vn rideau gris, qu'vn peu apres vne NYMFE tira, & alors parut ce qu'il auoit caché, qui estoit la figure d'vne histoire de consequence, alors la Souueraine pria sa majesté de prendre sa place, & puis elle

& les Conseillers & assistans se mirent en leur rang: Ainsi qu'elle disposoit les affaires & que le doux murmure des Sages se delectans à l'attente de ce dont il y auoit discours meu, n'auoit pas encore ceddé au silence qui s'establissoit peu à peu, en ce lieu, l'Empereur espluchoit fort curieusement auec les yeux les beautez des figures, & les diuersitez des belles inuentions des enrichissemens qui les decoroyent, & comme tout estoit paisible, il s'adressa à la Souueraine, la priant, que deuant qu'on appellast les Amans, qu'elle voulut rassasier quelque peu son esprit, de l'apetit que ses yeux luy auoyent causé, par l'obiet de cét ouurage, dont il ne pouuoit rien remarquer, parce que sa souuenance ne luy pouuoit suggerer aucune histoire, à laquelle il peust adapter ceste peinture, ny discours qui peust estre remarqué, à ce que l'imagier auoit designé en ces ordonnances tant bien obseruees. Espris releuez qui n'espargnez rien, ne pensez pas que cét Empereur ne sache parler proprement, ayant dit de peinture, où il y a de la sculpture, il a ainsi vsé de ce terme à cause des couleurs qui sont repassees par dessus les figures, & cependant auisez au reste, car si vous pensez qu'il y ait de l'improprieté en quelque terme, vous le racoustrez si vostre consideration est equitable, & que vous ayez de l'amitié plus que de seuerité. La Souueraine se delectant au plaisir de l'Empereur luy satisfit ainsi: Sire, ce qui est deuant vos yeux, est nouueau à ceux qui ne sont point

point de l'ordre des Orthofiles, & encor plus à ceux qui ne frequentent point les curieux Amans de Xyrile, les paroles vous remettent au chemin dont possible vous estiez egaré, allant par imagination loing de ce que vous presentoit cet obiect : Or puis que vous y estes, ie vous diray, que les curieux ont tousiours fait vn cas exquis de ce qui concerne leurs belles intentions, ausquelles si quelqu'vn paruenoit il estoit en estime exquise, & proposé comme patron que les sages doiuent suyure, & on en faisoit mentiõ specieuse, afin que les beaux esprits fussent stimulez & instruits pour auec beau labeur paruenir à la parfaicte gloire. Et là dessus les Princes entre les rechercheurs ayans cognu la verité en firent enleuer le symbole sous les figures de ce bel homme & de ceste Dame accomplie, qui sont Giseol & Aderite, parfaicts en condition & amour, & ausquels le ciel l'auoit promis, d'autant que leurs noms sont messez l'vn en l'autre, & par vn art si fort qu'ayãs esté dits tels, ils n'ont peu qu'ils n'ayent esté l'vn à l'autre, leur destinee les ayant auant coup entrelassez fatalement, & tant vniment qu'ils n'eussent peu estre parfaicts sans leur mutuelle communion, qui les rend le leuain d'excellence : Ils sont enfans de deux sages & notables Vieillards, Melonde & Viruleus, qui de leurs femmes legitimes entre autres enfans, ont procreé ces deux comme le tri de leurs genitures. Ces deux sages à cause de leur ancienne amitié, desirans faire vne nouuelle alliance, s'auiserent que ces ieunes gens en estoient le vrai moyen, pour à quoy paruenir d'vn mesme conſeil, ils mirent ce beau fils & ceſte deſirable fille auec la ſage Arulante, qui les eſleua & enſeigna treſſoigneuſement, & ſi bien qu'ils furẽt accomplis en tout ce dont leurs eſprits eſtoient capables : la belle Aderite fut premiere retiree d'auec ſa maiſtreſſe, & vn peu apres Giſeol fut enuoyé à la Court, & aux païs diuers pour ſe façonner, & cependant ayant la frequentation des Dames il ſe mit deuant les yeux par la memoire de ſa premiere conuerſation les graces d'Aderite, auec laquelle il auoit veſcu en tãt de douceur, qu'obiect aucun ne luy ſembloit pouuoir apporter tãt de contentement que le penſer de ceſtuy-là, ce qu'il imprima ſi viuement en ſa memoire, que la belle deuint toute preſente à ſon cœur, & ſ'en affectionna tant, qu'il ſe laiſſa gouuerner à la douce paſſion qui naſquit de ceſte deſirable en penſee : Il eſt vray qu'au commencement & durant leur commune demeure, il auoit de l'amitié pour la belle ; mais la pointe d'Amour n'y eſtoit pas comme maintenant, que ceſte affection ſ'eſt tranſmuee en paſſion amoureuſe. Si l'amour trauailloit ſur le courage de Giſeol, il ne faiſoit pas moins en l'ame d'Aderite, qui eut les meſmes deſirs pour celuy qu'elle auoit eſleu Prince de ſes pẽſees, & en ceſte ſeparation tous deux ſouffroient les angoiſſes que cauſoit leur importun eſlongnement. Giſeol ſe ſouuenoit des petits propos qu'enfant il auoit ouy dire aux vieillards de la future conionction de leurs enfans, ce qui luy mettoit plus fort les pointes d'Amour au cœur : Voila comment l'enfance garde les fortes repreſentations, & la memoire les cõſerue pour les offrir auec plaisir au iugement, quand le tẽps s'y addonne: Cela fait que Giseol se sent plus outré, & puis les perfections de son suiet l'induisent auec ce qui s'estoit innocemment passé entr'eux tant agreable, durant leur fidelle & plus mignonne hantise; tellement que son amour deuint meslé d'impatience, accompagné de tant de regret & desplaisir suiuis de pudiques desirs, qu'il ne peut plus durer, & n'eut esté que le deuoir & l'obeissance luy serroient la bride, il eut bien accourci son voyage. Il s'affligeoit patientant; car il n'osoit aller voir la source de sa vie, sans auoir congé ou iuste occasion de repasser au païs. A la fin comme sa douleur le pressoit l'Amour qui eut pitié de lui, luy suggera vn bel auis, suyuant lequel il fit sçauoir à la Dame Arulante l'estat de son esprit: Elle qui sçauoit l'intention des bonnes gens & auoit nourri ces beaux surjons en l'attente du bien qui leur estoit destiné, & voyant la belle qu'elle auoit si cherement esleuee, luy mander par fois de petites recommendations, qui sembloient tendre au mesme but, s'auisa qu'il falloit y pouruoir. Parquoy trouuant les deux bons vieillards à propos, leur fit auoir souuenance de leur parole dite long temps y auoit, touchant l'aliance de leurs beaux enfans, & leur representant leur deliberation les resiouit fort, & pour luy tesmoigner l'aise qu'ils en auoient, la prierent d'en prendre toute charge, & luy donnerent tout pouuoir d'en disposer, la coniurãt d'accomplir le tout lors qu'elle le trouueroit bon, s'excusans à elle de ce qu'ils ne s'en estoient resolus par effect, l'occasion estant que leurs grandes occupations les diuertissoient, & encor sur tout l'affaire qu'ils auoient entreprise pour le bien des peuples qu'ils gouuernent, durant laquelle ils ne pourroient assister particulierement à ce faict qu'ils luy commettoient. Et de faict ils n'eurent pas plustost resiné ce deuoir à Arulante qu'ils partirent pour aller à leur grand voyage, qui dure vne reuolution entiere moins quelques minutes, & ils desiroiẽt que durãt leur occupation ce mariage fust accomply, de peur de retardement, durant lequel leurs enfans eussent trop passé de ceste belle fleur dont naissent les amours. Arulante ayant tout pouuoir, manda l'vn & l'autre de ces beaux enfans, qui venus chez la bonne mere, receurent le mutuel contentement que desirent les courages aymans, participans aux reciproques delices qu'ils s'entre-communiquoient par leur presence tant desiree. Ces Amans heureux en leur rencontre, & souhaittans le bien parfaict qui est d'estre legitimement vnis, n'attendoient pour leur entiere felicité que le iour ordonné par la sage Dame & leurs amis, afin de celebrer la ceremonie de leurs nopces : Ce qu'attendans ils viuoient auec la modestie & le respect que le chaste amour engendre és cœurs d'honneur. Les fiançailles de ces deux belles personnes ayans esté faictes auec l'ordonnance & magnificence accoustumee, le bruit courut par tout de leur exquise beauté, perfection & apparence, que l'on diuulgoit comme vn nouueau miracle. En ce temps-là vsurpoit le Royaume la Tyranne Garonince, qui rude, forte, orgueilleuse, & puissante Amasone, par audace & fortune subiugoit aussi toutes les terres d'enuiron. Elle ayant ouy le recit que l'on faisoit des perfections de ces amans voulut les voir, & pour cet effect les enuoya querir, & ils luy furent amenez. Ceste Royne fort esiouye de la presence de deux si beaux obiects, commanda que le bal fut apresté en la grand sale, & que le reste du iour y fust passé en esbats & bõne chere. Le fils de la Royne qui esperoit s'asseoir sur le throsne de ce Royaume apres elle, ayant veu la belle fiancée s'en rendit si passiõné d'amour, que son cœur esmeu & tout outré cuidoit perir d'impatience. Il sortit du bal, va entretenir ses pensees, mais son mal augmentoit, si que trop espoinçõné de son desir ne sceut autre remede que de s'en descouurir à sa mere qui estoit en son cabinet passant sur quelques affaires : il vint l'y trouuer, elle qui leua les yeux l'auisant fort pensif, luy dit : Qu'auez-vous Halitambe? Madame, dit-il, ie suis en peine pour ceste belle Aderite, car ie pense que ie ne pourray viure si ie ne l'ay, & m'est aduis que bien que son fiancé soit beau, si ne merite-il pas de l'auoir, estant ceste belle digne d'vn Prince. GARONINCE. N'y a-il que cela qui t'ennuye? ne t'atriste point, tu l'auras à ton plaisir. Incontinent elle sortit de son cabinet, & vint en la sale du bal, où elle s'arresta vn peu, puis prenant la fiancee la mignarda vn petit, & l'emmena en sa chambre, où estant elle l'a tira pres de soy, & luy dit : Mamie, vous estes si belle que i'ay pitié de vous, que vous n'estes donnee à vn homme de plus grand' sorte & merite que celuy que vous pensez espouser ; I'ay auisé pour vous, qu'il vaut mieux que vous soyez colloquee en meilleur lieu, ie vous veux donner à mon fils, & cela sera bien plus sortable & profitable pour vous : car par ce moyen vous serez Royne de ce pays. Aussi apres vos nopces ie declareray mon fils Roy, pource que ie me veux reposer, & ainsi ie vous laisseray les affaires entre les mains. Aderite auoit le cœur si parfait, que quand son cher Giseol eust esté le moindre du monde, elle ne l'eut voulu quitter pour le plus grand Monarque de la terre, & puis sachant bien que sans espouser Halilambe, elle seroit vn iour Royne du pays, ce que la Tyrãne ne sçauoit pas: car cela luy estoit incognu, pour autant que la Dame Arulante auoit cellé la race de Giseol, qui estoit vray heritier de ce Royaume, comme aussi en estoit heritiere Aderite à cause de leur grand ayeul qui en fut Roy, & qui laissa deux enfans seulement, dont l'aisné fut Roy & ceux qui descendirẽt de luy iusques à vne fille heritiere, qui fut mere de Giseol, & pource qu'elle estoit fille, la mere d'Aderite entra en la moitié de l'heritage, tellement que ces deux estoient les vrais, ausquels appartenoit ce Royaume que Garonince auoit occupé durant que les bonnes gens pensoient à leurs autres plus grands royaumes. Aderite oyant la Tyranne sentit vn grand trouble en son cœur, & si elle eust peu executer l'effect du depit qu'elle en couuoit, elle l'eust bien fait paroistre, toutefois se deguisant par vne belle dissimulation, cedãt à la force luy dit : Madame, vous me surprenez si soudain, que ie ne puis cõprẽdre le grand honneur que vous me faites. GARONIN.

Il faut eſtre reſoluë à ſon bien, il vous conuient eſpouſer le Prince mõ fils, & afin que vous ſoyez ſans excuſe, ie feray trancher la teſte à Giſeole, à ce qu'il n'y ait rien qui vous nuiſe, & que ſoyez quitte de voſtre promeſſe ſi vous en faictes ſcrupule. ADERI. Madame, vous auez tout pouuoir, auſſi vous eſtes treſbõne & ſage, parquoy ie vous prie de m'ouir vn peu, ie ſçay que mon humilité vous contentera, & que quãd vous aurez ouy ce que ie vous veux propoſer que vo⁹ l'aurez agreable: ie reſſens & conçoy le grand bien que voſtre bonté m'offre, & deſire ſous voſtre bon plaiſir vous obeir en toute reuerence auec honneur: mais afin que les mauuaiſes langues n'ayẽt occaſion de me calomnier en blaſmãt voſtre maieſté, ie vous prie de m'entẽdre au moyen que ie pourray trouuer pour me rendre agreable à mon Seigneur, & qu'à ceſte fin i'aye congé de m'ouurir à vous. GARO. Dites ma fille, vous me faites plaiſir de parler ainſi. ADERITE. Vous ſçauez, Madame, qu'il n'y a pas moien à vn cœur cõme eſt le mien, qui ne ſçait que c'eſt de grandeurs, d'oublier ſi toſt ſa petite condition, & quitter vn amour où i'auois poſé mon ſouuerain bien, n'ayant aucune penſee à la grande fortune qui me rit. Si tout d'vn coup animee de la magnificence qui m'eſt preparee, ie venois trop glorieuſe de mon bien, à mettre ſous pieds ce qui m'a eſté ſi cher. Monſeigneur qui eſt l'vnique en beau iugemẽt, auroit poſſible mauuaiſe opinion de moy, & croyroit que la cupidité d'honneur auroit plus de pouuoir ſur moy, que le deſir de deuoir & d'amitié, & me tiendroit pour vn petit eſprit, emerillonné apres l'inconſtance & la commodité, & que ſans conſideration ie luy concederois ce qu'il deſire par raiſon. Parquoy ſous voſtre meilleur auis, Madame, il ne ſeroit pas mauuais que fiſſiez commandement à Giſeol de ſe deporter de la recherche qu'il fait de ma perſonne, & que vous voulez, comme noſtre ſouueraine & vnique Dame, me prouuoir à voſtre plaiſir & à mon contentement, luy remonſtrant qu'il a eu tort de m'auoir pourſuyuie ſans voſtre congé. Ce que toutefois vous luy pardonnez eu eſgard à ſa ieuneſſe. Et cependant vous me retiendrez, & ie demeureray pres de vous pour me façonner, à ce que ie ſois à la fin agreable à Monſeigneur. En outre, Madame, ie vous requiers d'vn don, c'eſt qu'il vous plaiſe pour me recreer de me donner pour logis le petit palais du iardin du donjon, où ie ſeray quelques iours auec ma ſeruante pour me reduire à oublier ce qu'il faut que ie laiſſe pour paruenir au grand heur que voſtre maieſté m'ordonne; auſſi bien à ceſte heure Monſeigneur n'auroit de moy qu'vn triſte plaiſir, au lieu duquel auec le temps il pourra cueillir en toute douceur la fleur agreable qui eſt plus gracieuſe eſtant conquiſe par amitié, que rauie par force. GARONINCE. Ie trouue bon tout ce que vous dites, ma fille; mais que feray-ie de ce beau fiancé? APERITE. Madame, vous ſçauez qu'on a pitié de ce qu'on a aimé, ie vous ſupplie pour l'amour de moy, apres l'auoir auerty de voſtre volonté & de ma reſolution, de luy commander de ſe retirer chez luy. La Royne approuuant tout cela, manda à Giſeol qu'il vint parler à elle : Estant en sa presence, elle le tança fort de sa presomption, d'auoir osé rechercher Aderite sans luy demander congé, & adioustant plusieurs fascheux propos & circonstances, luy fit commandement de se retirer en sa maison, se comportant sagement, & que selon sa discretion qu'elle le pouruoiroit vn iour auec quelqu'vne des dames de sa court. Cependant que la Royne luy disoit ces fascheuses nouuelles, sa fiancee luy faisoit vn signe qu'il ne peut entendre, tant il sentoit de trouble & d'affliction, & en ceste amertume de courage dit à Garonince : I'ayme plustost mourir que d'encourir ce malheur ! Vous auez puissance sur nos corps, mais nos esprits sont libres, & nostre foy tant saincte qu'elle ne peut souffrir d'iniure. Ie vous supplie de n'vser point de violence sur nous en me rauissant mon espouse. Il vouloit continuer, que la Royne commanda au Capitaine de ses gardes de le mener incontinent prisonnier en la Tour Valerne. O hô, dit-elle, ie voulois vous gratifier, & vous ne le pouuez endurer, & si vous m'iniuriez, ie vous feray sentir l'outrage que vous me faictes, & vostre teste en pourra bien respondre. Aussi tost il fut mené, & Garonince assembla le Conseil des Thebees, qui apres auoir entendu & consideré le vouloir de la Royne, & ce qu'elle raconta de l'aduis d'Aderite, fut auec elle d'opinion de laisser Giseol en prison pour se recognoistre, & qu'elle accordast à la belle ce qu'elle auoit demandé à sa maiesté. Tout cela suyui, & les Amans ainsi separez, la belle se contrista extremement, &

ſur tout à cauſe de le priſon de ſon cher eſpoux, qui ſans ceſte incõmodité l'eut peu tirer du lieu qu'elle auoit eſleu, & qui luy eſtoit accordé: mais il n'auoit pas pris garde à ſon ſignal. Or de bonheur la lune eſtoit pleine, dont l'vn & l'autre ſ'aviſerent, & poſſible leur bõ Ange les auertiſſoit de ce qui leur eſtoit propre. Il eſt ainſi que depuis leur retour chez Arulante, ils auoient apris d'elle vn merueilleux ſecret, qui eſt que par le moyen d'vne bague qu'ils auoiẽt chacun la ſienne, ils pouuoient la preſentant à la lune, voir ce qu'ils deſireroient des actions l'vn de l'autre. La nuict venuë Aderite eſtant au palais du iardin du donjon, enuironné de grãds foſſez & murailles, ſe mit à la feneſtre comme pour prendre vn peu d'air, & oppoſant ſa bague à la lune clairrayante, la tourna & vira tant qu'elle auiſa ſon deſiré Gifeol, qui tout triſte eſtoit à vne grille renforcee, entretenant ſes penſees à l'air, alors elle fit briller ſa bague ſur ſes yeux dont il ſ'apperceut: parquoy il regarda en la lune qui luy monſtra ſa maiſtreſſe dans le palais du iardin, ce qui le conſola infiniment, & ſur tout venant d'elle, qui l'auoit ainſi recherché, & comme il penſoit & deſia conſideroit attentiuement pour communiquer auec ſa vie, le cruel geolier vint le faire retirer pour l'enfermer. Ceſte male-auanture frauda le deſſein d'Aderite, coup preſques inſupportable, & qui feroit, peu ſ'en faudroit, troubler le plus ſage eſprit. Ces pauures amans ſont contraints de ſe retirer, auec l'amertume de leur triſte condition, bien autre que celle qu'ils ſ'eſtoient promiſe. Le lendemain Garonince estant sur le poinct de demander nouuelles des deportemens de Giseol & d'Aderite, voicy qu'il arriua vn Ambassadeur de la part de Torcinde Royne des Hibaletes : Ceste Royne enuoyoit à la Tyranne son cousin le Prince Lidoce, accompagné de plusieurs autres Princes, Seigneurs, Gentil-hommes & autres du païs, Garonince les receut magnifiquement, promettant bien tost audience à l'Ambassadeur. Pour cet effect elle assembla le Conseil general des Messes, dont l'auis fut que cest Ambassadeur fust despeché au plustost, ils craignoient le seiour de ces personnages, au moyen duquel ils eussent cognu la foiblesse du païs, & l'insufisance & peu de prudence de la Royne, auec plusieurs autres defaux, proposant toutesfois certaines bonnes considerations. Il est vray que la plus part de ces Conseillers, & les plus sages eussent bien voulu que quelque Monarque eust chassé ceste Tyranne, non pourtant si tost à cause du grand profit qu'ils faisoient auec elle, & qu'ils eussent voulu estre bien riches auant ce changement. C'estoit aux grands iours parquoy on donna à l'Ambassadeur les plaisirs des beaux lieux de plaisance de la Royne, & luy fut dit que le lendemain à dix heures du matin il auroit audience. Cet affaire fut cause que Giseol demeura resserré en la chambre interieure, si que la nuict il n'eut pas moyen d'auiser auec sa chere Dame, à laquelle ce fut aussi vn grand ennuy. Le iour venu que le Prince Lidoce fut introduit deuant Garonince seante en son lict de maiesté, il luy fit entendre que la Roine Torcinde sa souueraine dame, Monarque des Hibaletes, la prioit de luy restituer les prouinces de Triscouie, que pour la plusspart elle auoit vsurpees durant son absence. Et pource que possible ceste demande sembleroit mauuaise, afin d'en oster l'opinion, elle luy mandoit qu'au lieu de les requerir, qu'elle estoit toute preste de s'en desister, moyennant vne belle condition qu'elle luy proposoit: C'est qu'elle luy exposast trois doutes qu'elle luy presenteroit, & si elle les luy faisoit declarer, que iamais ne luy tiendroit propos de rauoir ses terres: au contraire elle & les prouinces demeureroient en l'estat qu'elles estoient, & bonnes amies, sinon qu'elle persistoit en sa premiere demande. La Royne fit responce, que tout ce qu'elle possedoit, luy appartenoit de droict; & que si la Royne Torcinde le vouloit debatre qu'elle estoit preste & l'attendroit pour en faire le iugement par l'euenement des armes. Et toutesfois pour nourrir paix, qu'il baillast ses questions, & qu'elle les luy feroit exposer dans le lendemain. L'Ambassadeur se contentant de ceste responce, mist és mains de Garonince le billet scellé du seau de Torcinde, où estoient escrites les trois doutes que la Tyranne receut. Le Conseil leué, les estrangers festoyez, la Royne auisant à ses affaires, ouurit le pacquet, apres la lecture duquel, elle se disposa plus à bien frapper qu'à esplucher les secrets: en ce trouble, pour vn peu se diuertir elle voulut aller où estoit Aderite, à laquelle elle raconta ce qui s'estoit passé touchant les affaires de Torcinde, & luy monstra les doutes: Elle qui vid que cecy estoit vn acheminement à son bien, vsa fort accortement de son esprit en ce dessein: & par discours appropriez prudemmēt, fit entendre à la Royne que Giseol les soudroit promptement, dont elle s'asseuroit pourueu qu'elle luy donnast liberté. Garonince qui auoit crainte de ce qui luy pouuoit auenir, entendoit à ce conseil: ioint qu'elle sçauoit que Torcinde estoit accorte, sage, riche & puissante de cōseil, de force & d'amis. Parquoy ayant assez conferé en son cœur le dire d'Aderite, s'en alla en intention de le faire: Dés l'heure elle manda que l'on luy fist venir Giseol, estant deuant elle, elle luy monstra les doutes, & luy promit sa liberté s'il les expliquoit. Il eut de la prudence, & luy demanda le reste du iour pour y auiser, & que le lendemain à telle heure qu'il plairoit à sa maiesté qu'il les declareroit: pour ce faire la supplia qu'il eut liberté en sa chambre, ce qu'elle luy accorda, & le renuoya en la tour en la belle chābre où il eut le loisir & la cōmodité qu'il pretēdoit. Le soir venu il prit l'opportunité de voir la lune, qui sembloit par sa belle clarté le fauoriser, & il eut moyen de conferer auec sa maistresse, & luy faire entendre ce qui se passoit: Elle qui esperoit qu'il sortiroit, luy mōstra l'endroit où elle auoit serré le cristal merueilleux. Mais cependāt qu'ils s'entretiendront, il sera bon de nous esclaircir de ce ioyau tant renommé: Ce cristal est long de treize pouces, ayant vn bout comme vn petit globe, & l'autre ainsi qu'vn cube, le milieu estant en cylindre droit & vni: dans le globe est la liqueur tres-belle & magnetique, qui s'y retire tousiours quãd le cristal est couché, que si on le tient droict sur le globe, la liqueur monte soudain au cube, & si on tourne le cube à bas soudain la liqueur remonte. Ce ioyau est accomply de plusieurs vertus & merueilles, entre autres proprietez il en a vne tres-exquise, c'est que si vne personne qui a la bague lunaire le tient à nud sous son essaile enuiron vn quart d'heure, il rend vn effect terrible qui dure trente heures, c'est qu'à vne toise à la ronde, il faict dormir profondement toutes les personnes & animaux qui sont autour de la personne qui le tient, sur laquelle il n'agist pas, car mesmes par son attouchement on est reueillé du sommeil qui dure quarante heures, auec vn assopissemẽt violent. En outre presentant à terre ce ioyau il y cause vne ouuerture qui se faict de six pieds de haut, & de deux & demy de large, si qu'il ouure des conduits comme ceux des mines qui durent, tant que veut la personne qui s'en aide, & s'il auient que le train s'addonne à trauers vne riuiere, l'eaue demeurera autour de la voye comme si elle estoit gelee. Si la lune ne se fust point si tost tournee nous eussions eu loisir d'en dire dauantage: à cest instant les amans se retirerent. Le iour venu Gifeol manda à la Royne qu'il estoit prest auec responces & demonstrations conuenables; Alors la Royne enuoya vers l'ambassadeur qui vint à dix heures du matin, comme il auoit esté arresté: Estant entré & tout preparé la Royne luy presenta Gifeol ayant en main le cartel où estoient les doutes: l'ambassadeur en auoit la copie. Adonc l'ambassadeur dist à Giseol : Faictes moy voir ce que i'auray perdu de veuë, & ce sans changemẽt de disposition. Alors Giseol prist vn escabeau, sur lequel il posa vn petit bassin d'or, assez creux, il auoit sept pouces de diametre, & le bord en auoit deux de haut, & dans iceluy il mist vne piece dargent monnoyé, & tenant le tout vis à vis de Lidoce, luy demãda s'il voyoit la piece d'argent, ayant respondu qu'il la voyoit, Giseol retira à soy l'escabeau tant que l'ambassadeur eust perdu de veuë cest obiect d'argent, & luy dist qu'il luy feroit voir sans qu'il touchast aucunement à l'escabeau ny au bassin, ny à la piece, accomplissant en tout les conditions de la proposition. L'ambassadeur ne pouuoit voir la piece d'argent, car le bord du bassin l'empeschoit, alors Giseol prist vn vase d'agate plein d'eauë & la versa dans le bassin, & adonques par les reflections que l'eauë causoit, l'ambassadeur vid la piece sans changement de disposition. L'AMBASSADEVR Monstrez moy en vn mesme temps trois ou plusieurs representations d'vn mesme obiect, par vn mesme organe : Giseol fist apporter le grand miroir de la Royne lequel estoit de cristal espois & beau, ayant la couche assez espoisse, l'ayant il le posa perpendiculairement vis à vis de l'ambassadeur & ayant pris vn flambeau allumé fist fermer les fenestres, & posa ce flambeau sur la table de sorte que l'Ambassadeur pouuoit en voir la representation dans le miroir, & aysement y discerner comme trois flambeaux, sans quelques autres petites apparences de l'ombre d'iceluy vn peu eslongnees. L'AMBASSADEVR. En vn mesme temps par vne mesme cause, en vn mesme suiect, excitez trois effects tous differents & apparents. Giseol se souriant dit, Les grands secrets sont les plus aisez, & les discours magnifiques couurent de petites choses, puis il fit oster le flambeau & ouurit les fenestres. Aussi tost (car il auoit tout disposé) l'Eschançon entra auec les autres seruants suiuant le grand Maistre, le petit couuert fut dressé, & le bouillon de la Royne fut apporté & mis sur la table. Giseol dict à l'Ambassadeur : Ce boüillon est trop chaud, il faut le refroidir, adonc il versa de l'eau froide dedans comme enuiron autant qu'estoit le tiers de ce que le plat contenoit, puis il dit : En mesme temps, qui est ores par mesme cause, qui est ceste eauë de fontaine, en mesme suject qui est ce boüillon, ie fais quatre effects differens & apparens. Car le boüillon est refroidy, il est dessalé, il est desgressé, & multiplié. Ie croy que vous deuez estre contant de ces demonstrations : & si iamais ie me trouue deuant vostre Royne pour le sujet qu'elle entend touchant la derniere doute, ie sçay le moyen de luy en donner l'apparence de merite, mais ceste cy suffit, iusques à ce que s'il est besoin ie vous face voir l'eau desechee, coulouree, fixee, & enrichie. Et sçachez par là, que ie peux vous contenter amplement à l'honneur de ma Royne. Cecy acheué Lidoce remercia la Royne, laquelle

laquelle le fit traitter magnifiquement & conduire par ces Princes: d'autant qu'il voulut desloger dés l'heure, ayant eu vne despeche qu'il ne pensoit pas. Les adieux, remercimens, & autres hypocrisies honorables faites, l'Ambassadeur partit sur les deux heures apres midy ; & Garonince satisfaite, prit Giseol par la main, & le mit hors de la sale, luy donnant congé d'aller où il voudroit, cependant Lydoce ayant veu que son fait n'auoit pas reüssy, ne sçauoit qu'estimer; car il estoit venu en intentiõ de declarer la guerre si on n'expliquoit ses doutes, qu'il croyoit que nul ne pouuoit deschifrer, aussi n'y auoit-il que Giseol qui le peut, dont Lydoce estoit estonné & maudissoit la fortune, pensant qu'il fut de si peu de cœur qu'il se fut rangé auec Garonince, pour se sousmettre à elle, & pour en estre esclairci & s'en douloir, il s'en alla reposer chez la Dame Arulante, à laquelle parlant de ce qui s'estoit passé, il entendit la disgrace auenue aux Amans, & ainsi qu'ils demenoyent ceste affaire, Giseol libre auoit pris le chemin pour gaigner le logis de sa bonne Gouuernante, & y arriua à cét instant, qui fut aggreable pour le succés aux vns & aux autres, d'autant que Lydoce fut esclarci de son doute, & Giseol mis en estat de faire ses affaires. Car apres qu'ils eurent conferé ensemble, l'Ambassadeur luy promit des forces suffisantes, s'il pouuoit se rendre maistre du chasteau & de la Tyranne. Ce que Giseol ayant dit pouuoir, il eut de Lydoce, promesse de troupes bonnes & asseurees, à iour nommé, promesses donnees, & la foy iuree Lydoce passa outre, & Giseol pensa pour ses desseins, Garonince deliuree de ceste auanture alla voir Aderite, à laquelle elle racõta tout, la remerciant de son bon conseil, apres plusieurs deuis, & Garonince ayãt encouragé la belle d'acheuer ce qui estoit commencé, se retira, laissant Aderite pleine de soucy iusques à l'aparẽce de la lune, laquelle par sa lueur luy promettant de la consolation, esclatoit à plaisir vers ce bel objet d'amour, adonc elle s'y rangea auec son anneau, & en mesme temps Giseol qui n'auoit point perdu courage, s'y addressa & ils communiquerent ensemble, & resolurent qu'il se trouueroit auec elle dans le quatriesme iour. Le bon Lydoce ne manquant à sa promesse, hasta les troupes qui auoyent esté appareillees, car on ne pensoit pas qu'il y eut quelqu'vn qui peut expliquer les doutes pour Garonince, & sans retardement faisoit diligence, afin que l'affaire de Giseol reussit, lequel de son costé ne demeura pas oisif: car incontinent il mit le cristal en œuure, & fit tant qu'il alla où estoit sa chere Dame, où il fut receu selon son cœur. Que ce leur fut à tous deux vn plaisir exquis! Il n'y a que vous Amans qui le iugiez à droit. Sur le matin, du iour que les gens-d'armes des Hibaletes pouuoyent paroistre, Giseol prit le cristal, le disposant pour faire dormir tous ceux qui seroyent au climat de sa domination, il prit le remede & en donna à sa Belle & à sa seruante, puis ensemble ils allerent par tout le chasteau, és corps de gardes, & lieux où il y auoit des hõmes, passerẽt par la chambre de Garonince, & par tout où il y auoit quelqu'vn, & fit accabler de sommeil bestes & gens, puis à son plaisir il les lia & garotta tous, ferma les chambres, emprisõna & enserra tout ce qui estoit là à son plaisir, puis mit sur la porte du chasteau le signal cognu à Lydoce, & aussi tost ayant ouuert les portes, & fait cesser la force du Cristal, introduit au dedans ceux qui luy pleut, lesquels entrans par tout se saisirent des endormis: le chasteau pris, Garonince saisie, & son fils, les soldats furent desarmez, & mis hors excepté quelques mutins qui furent reserrez. Le procés fut fait à Garonince, qui apres auoir veu executer son fils & ses autres enfans, eut la teste tranchee: En apres le peuple fut appellé qui presta le serment de fidelité, les Princes, les Seigneurs & gentils-hommes ioyeux de si bonne fortune vindrent se submettre, & ayans tous recognu Giseol & Aderite pour vrays & naturels heritiers, les restablirent en leur royaume, & leurs nopces furẽt acheuees en magnificence, & liesse vniuerselle: ces amans ayans receu la couronne, firent alliance irreuocable auec Torcinde, laquelle dure encor, mesmes leurs successeurs ont égale domination és païs & royaumes de Triscouie. De ces deux parfaits amans, sont comme plusieurs autres princes issus les monarques de Claura, dont vous auez ouy parler autre fois, quand vous auez entendu discourir des fortunes de Basile, hantant chez Floride où communiquant auec Minerue.

DESSEIN DIXSEPTIESME.

Louange du gris: le Plaidoyé de la Royne de Sobare contre Viuarambe: comparution de la Fee Epinoyse & son absolution. Amours de Serafise & de Constant: Fantaisies d'Amant differentes.

APRES que la Souueraine eut acheué son discours, & que l'Empereur eust esté satisfait pour le sujet de ceste histoire, le rideau fut retiré, puis les portes ouuertes pour donner entree aux Amans & aux curieux: Incontinẽt pour le plaisir de l'Empereur, le chœur des chantres fit ouïr les accords de quelques accens assemblez en l'hõneur du gris, dont l'aer a esté souspiré par celui qui recognoissoit que IEROTERMIA contenoit le nom de sa maistresse, en la faueur de laquelle il a prisé ceste couleur.

Ie veux d'vn pas égal marcher auec la gloire,
Puis que le Ciel respond à mes intentions,
Car celle que i'honore, en fin aura memoire
De la fidelité de mes deuotions.
Ie me predis cét heur par la belle apparence
Du beau deportement de la Royne des cœurs,
Ioint que l'ame fidelle en sa perseuerance
De l'obiet honoré merite les faueurs.
Ma Belle ayme le gris, car son ame innocente
Se prepare tousiours aux effets d'equité,
Aussi du gris heureux la couleur represente

Le droit en equité par iustice arresté.

Les Sages anciens nourriçons de iustice,
S'assembloyent pour iuger sur le bureau d'honneur,
Mesme aussi le tapis de ce saint exercice
Retient ce nom, encor qu'il n'en ait la couleur.

Tout ce qui s'accomplit prend du gris la semblãce,
Suiuant ainsi l'arrest de l'eternel destin,
Et le feu qui reduit à fin toute substance,
Sous le gris de la cendre ameine tout à fin.

Amour qui n'est que feu exerce le semblable
Sur les suiets qui sont de son gouuernement,
Voila comme le gris aux amans fauorable
Promet heureuse fin à tout courage aymant.

Puis que ma Belle prend le gris pour sa parure,
C'est signe qu'elle veut me traiter iustement,
Et que me conduisant en si belle auanture,
Ie brusleray d'amour auec contentement.

La cendre de mon cœur cachant son esteincelle,
Se renouuellera en vn cœur plus parfait,
Ainsi le beau Fœnix d'vne cendre eternelle,
Aux rais du feu diuin se deffait & refait.

Le gris de l'equité le symbole fidele,
Est l'vnique en beauté, car madame en fait cas,
Il est Roy des couleurs puis qu'il plaist à ma Belle
En iuger autrement c'est ne l'entendre pas.

Or puis que l'equité conduit ceste belle ame,
Retirez vous de moy la fortune & l'espoir,
Ie me consommeray dans ma parfaite flame,
Seur de la recompense aquise à mon deuoir.

La musique ayant cessé Gnorise veint en son siege, duquel vn peu apres elle se leua, & se tenant debout deuant l'Empereur, lui dit: Sire, nous auons commencé ceste seance, par l'hymne dont le sujet doit auoir lieu en vostre cœur: Que donc l'équité y soit, pour quelque chose que ce soit, d'autāt qu'il n'y a rien que ceste vertu qui vous rēde certain de vostre biē, duquel nous sommes asseurez, car l'Amour nous a promis que vous ne serez point fraudé de vostre esperāce: & toutesfois nous vous auertissons, qu'auāt que ce grand biē vo⁹ auiene, il vous cōuiēt faire paroistre vostre patiēce & iustice, qui se ferōt recognoistre par les tentations qui vous auiendront. Et bien que vostre ame ait esté quelquefois confuse, par les diuersitez que l'amour y a suggerees, si est-ce que estant ce que vous estes, ayant la raison qui vous conduit, il est expedient que ce qui est ordonné par les statuts de l'hermitage, eschee, à ce qu'estant legitimement tenté, vous meritiez d'estre heureusement satisfait. Ce qui vous a esté promis par espoir, & possible par hazard, pour destourner vos plus ennuyeuses pensees, & chasser ceste maligne humeur qui vous pressoit, vous est auiourd'huy promis realement, & en iouïrez, si vostre constāce demōstre que vous en soyez capable. Auisez donques à maintenir vostre cœur & le rang que vous tenez icy, pour estre & persister tel que doit estre celui qui sied sur le tribunal d'Amour, vous aurés peut estre quelques combats difficiles & des assauts extrémes: Aussi des liesses abōdantes & des ioyes excellētes vous attendent. Or, Sire, vous verrés & oirés des merueilles, cela dit, elle se rassit & auisa le gouuerneur d'Amelie de faire entrer l'estranger qu'il auoit en charge. Et vous, se tournāt vers Viuarābe, laisſant ce lieu de Cõſeiller, venez icy au rãg de ceux qui ſont en cauſe, le ieune Prince rougit pour la douceur de l'emotion où il entroit, à cauſe de la preſẽce de ſa Royne, qui entrãt eſclatoit en ceſte audience cõme vn beau Soleil. Le Prince ſe leuãt fit la reuerẽce à l'Empereur, & ſe veint mettre au rang de ceux qui attẽdent iugement. En meſme tẽps, on vid paſſer la Belle eſtrangere qui fut recognue, & meſme de pluſieurs de ſes ſujets, qui eſtoyent venus à l'Anniuerſaire. C'eſtoit la belle Royne de Sobare, qui dõnant vn petit clein d'œil à Viuarãbe lui alla querir l'ame iuſques au fons du cœur, & le prenant par la main, le fit auancer deuãt l'Empereur: pour le reſpect deu à ceſte grãde Royne, on la fit ſeoir en vne chaire royale qui luy eſtoit preparee, puis elle parla ainſi. Sire, le ſiege que vous tenez, & la iuſtice que ie vous demande m'a fait laiſſer ma Souueraineté hors cét enclos, à ce que deſpoüillée de toute grandeur, fors de courage, ie vous demande raiſon d'vn tort que m'a fait ce Prince, qui cõme moy, pour l'intereſt d'amour, eſt ſouſmis à ceſte iuriſdictiõ. Il y a certain temps que Viuarambe venant chez moy, fut receu humainement, tant de moy que de tous ceux de ma court, eſtant fort agreable aux Princes, Seigneurs, gẽtilshommes & autres. Eſtant ainſi bien voulu, il ſceut tellement vſer de ſon bel artifice, & ſe preualoir de ſes agreables induſtries, auec leſquelles il practiqua mõ eſprit curieux, & errãt qu'il l'engagea à l'aymer, ie m'ẽ trouué fort ſurpriſe: car ie ne ſcauois encor quelle eſmotion eſtoit celle, qui tant audacieuſement s'emparoit de la trãquillité de mõ cœur. Or pour le plaisir que i'y pris ne pẽsant pas à la consequẽce qui s'en deuoit ensuyure, ie n'y mis point d'ordre, ains m'y laissé emporter, tellemẽt que ie me vi toute à vn estrãger, que ie ne cognoissois point bien que la beauté de sõ bel esprit me fut en grãde recommendation: Ie n'auois pas toute égaré ma raison, partant ie me mis à penser ce qui m'estoit auenu, & ie trouué que possible ie me mesprenois & parauanture aussi que non, si que i'estois en suspens de ce que ie deuois resoudre; à la fin ie voulu mettre mon ame en repos, pour ce faire ie parlé à ce Prince, & le coniuré tant, que pressé par serment de me declarer sa condition, son éstre, & ses parens: il me confessa qu'il estoit fils de Roy, ce qui fut cause que deslors i'acheué d'abandonner mon cœur, à souffrir la recherche qu'il faisoit de moy, pour obtenir mon amitié, & selon son desir qui estoit le mien ie le receu, & l'amour deueint mutuel à la charge & condition qu'il seroit tenu & serré au chaste secret de nos ames. Cependant il est auenu que cét Anniuersaire estant publié, i'ay sceu qu'il falloit que tous les vrays & pudiques amans y vinssent, mesmes Viuarambe me fit scauoir ce qui en estoit, & depuis son absence (car il ne demeura pas long tẽps en mon Royaume) me fit entendre par lettres les statuts & ordonnances qui sont obseruees és auantures qui s'acheuent icy ordinairement, & m'auertit des belles fortunes qui souuent y peuuent auenir, qui fut occasion que ie me preparé pour venir icy pelerine, faire mõ voyage d'amour: ayãt mis ordre à mõ equipage ie me teins prest & retardé mõ embarquemẽt, croyãt que celui qui faisoit professiõ d'estre à moy meviẽdroit querir pour m'accõpagner à ce deuoir: en ces entrefaites ie sçeu qu'il vous y conduisoit, ce qui me fut vn grand desplaisir, d'autãt qu'il me deuoit plus qu'à vous, Sire, non que i'aye regret qu'il ayt apporté de la commodité à vostre Maiesté, mais pource que ie suis offencée, attendu qu'il m'a laissé venir seule, comme le venant rechercher contre les statuts d'Amour, partant ie demande qu'il soit emendé de ceste faute à mon profit. Vivarambe. Madame, ie ne puis representer icy l'humble affection, dont ie suis fidelement voüé à vostre seruice, car elle est parfaite. Mais pour excuse en m'accusant pource que ie recognois & aduouë auoir failly quand encores i'aurois fait mon deuoir, ie vous dis auec toute l'humilité que ie vous doy, que ce n'est pas moy qui vous ay recherchee, ains c'est vous qui m'auez forcé par vos perfections à vous seruir, tellement que vous m'auez conquis de haute lutte: quant à la faute que i'ay commise, ç'a esté par contraincte, pour autant que ie deuois bien d'auantage à l'Empereur que le peu de seruice que ie luy ay fait, attendu qu'il est cause que i'ay eu ce souuerain bien d'estre vostre, & en telle qualité vous seruant, ie suis venu luy faire seruice, pour commencer à vous rendre ce que ie vous doy: Parquoy ie me remets à vous seule, sans pretendre eschaper la peine que vous m'ordonnerez, ne voulant autre iuge que vous-mesmes, & reculant l'Empereur s'il luy plaist à cause d'amour. Gnorise. Ie suis d'aduis pour l'Amour qu'ils soient renuoyez à leur propre discretion, concluant à l'honneur & au deuoir. L'Empereur se tenant pour recusé, remit l'affaire entre les mains de la Souueraine, laquelle ayãt recueilly les voix prononça,

Le Conseil ayant examiné le dire de ces Amans, & les conclusions de l'agente pour l'Amour, a ordonné, qu'ils se seeroyent icy selon le rang de leur grandeur, remettant le reste à leur volonté, selon les loix & leur commodité.

L'Empereur donna la main à ceste belle Royne pour la placer en son lieu, & comme il la consideroit, il suruint vne auãture qui l'esmeut plus que toutes les autres : car vn peu apres que la Royne eut pris seance, elle se leua & ayant salué l'Empereur & le conseil d'vne honneste reuerence, sortit & passa iusques à la porte de la Chambre, dont elle estoit sortie, où elle prit par la main vne Dame qu'elle amena, & la posa deuant l'Empereur, & dit, Sire, ceste Dame est en affaire auec vous, & desire que vous soyez son iuge, estant sa partie. Adonc ceste Dame ayant baisé & laissé la main de la Royne, se mit à genoux deuant l'Empereur, qui la recognoissant, car c'estoit la Fee Epinoise, s'esbahit fort & s'esmerueilla de son discours, qu'elle aduanca incontinant que la Royne de Sobare fut remise en sa place. Sire, puis que la Fortune a changé mes mauuais desseins, & qu'estant icy sous la iurisdictiõ d'Amour où sont donnez les Arrests iustes, & selon les interests des cœurs qui sont penitens, ie pense qu'il vous sera agreable de me remettre la faute que ie vous ay voulu faire, & de laquelle i'ay porté la penitence: Il est vray que l'Amour qui m'espargne personne, a esté cause de mon delict. Ie me faisois accroire que i'estois encores assez belle pour meriter la grace du Prince Caualiree, & qu'il ne me deuoit point refuser son affection : Ie l'estimois glorieux, pource qu'il ne me recherchoit pas, puis luy ayant declaré mon amour, & voyãt qu'il n'en faisoit aucun conte, ie me depité, & creus qu'il estoit insolent. Mais i'ay depuis changé d'opinion, ayant veu le beau suiet de ses affections, quand sa belle Cliambe m'a esté presente, ie me suis reprise de ma presomptiõ, i'ay pardonné & en mon cœur requis pardon à ce Prince. Certes il faut biẽ dire qu'elle ayt du merite en beauté, puis que ie la trouue belle : d'autant que ce n'est pas l'ordinaire de celles qui pẽsent auoir quelque beauté de priser les autres pour en iuger vne plus belle que soy. Or elle est belle, parquoy ie confesse ma coulpe, mõ offence & ma malice, & pource aussi i'ay prié la sage Losnis de me pardonner, ce qu'elle m'a accordé sçachãt ma repẽtance. Au reste Sire, pour celà qui est du vostre, ie m'ẽ remets à vous, en vous suppliãt de cõsiderer puis que tout est venu à bien quelle excuse peut auoir l'ame qui fait faute estãt induite pour vn suiet de merite. L'Empereur faisant semblant de vouloir ouyr le cõseil, dit tout bas à la Souueraine, il faut que ie confesse que ie suis fort troublé, car ie voy ce que ie n'eusse peu pẽser, & ie dis auec verité, qu'il y a eu vne notable prudence à dresser ces desseins, veu que ie sçay biẽ que ceste fille auoit en son courroux enuie de perdre les Fortunez, ie vous prie d'ẽ iuger à sa faueur & hõneur, & me laissez vn peu reprendre mes esprits. La Souueraine prenant les auis, prononça:

Sage Fee, l'Empereur est bien marry de vostre mal, dont vous pouuez vous accuser seule cause. Il veut que tout soit oublié, & que vous soyez restablie pour estre comme auparauant. Et pour ce qui est d'Amour, le Conseil vous promet de vous prouuoir : au surplus, vous estes enuoyee à Gnorise pour estre restituee en vostre premier estat.

Incontinant Gnorise sortit du parquet, & prenant Epinoise l'emmena dehors. Cependant le reste des causes fut plaidé. Et la Fee fut conduite en vne des cellules du Palais des secrets: là estant auec Gnorise elle se descouure, & elle luy appliqua sur le caractere de feu qu'elle auoit en la cuisse, vn remede fait de mercure corporel, de baume d'axunge de mulet, de sel de talk, d'essence d'Iris, & d'huyle de Saturne, qui aussi tost enleua la cicatrice qu'elle laua d'vn peu d'essence de lin, puis d'vn peu d'huile de talk, si que depuis n'y a paru, la peau en peu de iours estant rentree en son naturel, & partant Epinoise ostee de la peine où elle estoit touchant ceste marque seruile, & de là elle fut renuoyee au Palais de plaisance, où estoient les Dames auec Losnis & Olocliree. Belles ames qui prenez plaisir à ces rencontres & qui mesurez vos amours au pied de ces passions, ne pensez pas que nous vous representions toutes les circonstances des amours, si nous y taschions seulement, nos discours tireroient à l'infini, vn seul amour seroit capable de nous y ietter. Nous ne mettons deuant vos yeux que ce que nous auons recueilly de plus delié de ce qui a esté deduit en la presence de ce grand Empereur, auquel s'addressoient les actiõs peines & souffrances des Amans, à fin que les comparant à son mal, il y mist ordre par vertu, en comparant la douleur d'autruy à sa destresse : les fortunes des autres à son aduanture, & leurs faits à ses deportemens, & qu'en ce faisant il temperast sa maligne humeur, & puis qu'en fin il iugeast excellemment que l'Amour & les Dames sont le beau feu des esprits auquel ils sont examinez pour y deuenir parfaits comme l'or dans les ardeurs du charbon allumé: Mais ne nous destournons point trop: Gnorise se remit en sa place, dont soudain elle se leua, aussi bien vne belle cause s'acheuoit, & elle passant vers le peuple y auoit aduisé Serafise belle & accomplie Demoiselle qu'elle alla querir, & trauersant expres, s'addressa aussi au seruiteur de la belle, & les fit ioindre le barreau, tout incontinant il auint à ces Amans comme aux autres, & combien qu'ils ne fussent venus que pour voir, si est-ce que par la force du Talisman leurs cœurs entrerent en l'humeur d'amour qui excite les passions. Adonc Serafise dit à ce Gentilhomme, Qui vous meine icy Constant? Il respond, Le desir de voir, mais ie m'aduise, laissant à part ce qui s'est passé, que vous me detenez en vne grande peine, veu que vous m'auez promis toute amitié, & cepẽdant vous ne faites pas beaucoup d'estat de moy. Aussi ie n'ay plus de courage, mon cœur s'escoule comme eau mesprisee, & la valeur qui me releuoit l'ame apres tant de belles conceptions est esteinte: Adieu, Belle, il ne faut plus que i'espere, puis que vous me desdaignez. N'est-ce point ce que ie premeditois, & que languissant aupres de vous ie craignois, vous auez vn esprit transcēdant qui vous emporte apres des magnifiques idees, & ceste vertu qui autresfois m'eslançoit de mesme, est cause que vous recognoissant de telle humeur, ie m'afflige cruellement, & tresbuchant aux escots du desespoir ie deschay de toute force, & principalement quand ie me propose vostre perfectiō. Ie meurs doncques desolé par l'affliction continuelle que l'Amour me fait apprehender, pource que ie ne suis point asseuré de vostre amitié, veu le peu de soin que vous prenez à me le faire paroistre. Ie mets à l'abandon mes belles entreprises. I'enuoye au loin mes desseins, & me perdant ie fraudray l'attente de plusieurs à vostre dommage: i'oublieray les beaux trophees que ie preparois à vostre gloire, l'oubly que vous auez pratiqué pour moy, a tout esteint ma memoire. Que le desplaisir de perdre l'asseurance de son amitié est cruel! C'est fait, il n'y a rien au monde tant aymable que vous, aussi rien ne me defera que la perte de vos belles graces: voilà ie meurs oppressé des plus vrgentes extremitez du dueil, l'inquietude mesle mon ame de tant d'ennuis que ie ne me recognoi plus: Toutesfois en quelque estat que ie puisse estre, & fusse mesme en l'extremité, les restes des souspirs de mon cœur s'enuoleront auec vostre nom, & toutes mes pensees prenans fin vous auront pour leur dernier suiet, Serafise fit vne longue pause, puis luy dit le regardant d'vn œil voleur de cœurs: Vous sçauez que ie n'ay iamais eu dessein que de vous honorer plus que ma vie, m'asseurant en vostre fidelité, & ie ne sçay pourquoy vous vous estrangez tant. Ie vous prie de viure en la tranquillité que vous auez acquise, & n'affligez vostre ame de tristesse, estant certain que ie ne feray iamais autre que ce que ie vous ay promis. Le peu de tempsque ceste Belle auoit esté sans respõdre representoit l'espace de quelques mois qu'elle n'auoit riẽ fait entendre à Cõstãt, encor qu'il luy eust escrit plusieurs fois, surquoy il luy fit ceste response: I'ay long temps disputé auec mes propres desirs, auant que me laisser transporter au desespoir, mais voyant que la constance de mõ cœur s'ẽtretenoit pour neãt, se reduisant en vne vaine fantaisie, recreu de courir apres tant d'imaginations, i'ay deliberé de me tenir à ma perte, & m'occupant doucement à desduire mes regrets, m'accuser quant & quant de mon insolence, ayant trop entrepris, & sans vous rien imputer que vostre propre plaisir, me dire moy-mesme coulpable de mon mal. En ceste resolutiõ i'ay resigné mes volontez à la destinee, afin d'estre conduit selõ le hazard, vos beaux yeux triompheront comme il leur plaira, vos puissances feront à leur gré, & vos merites vous establissans Royne des cœurs me paroistrõt cy apres en heureux tableau où ie verray les rencõtres d'amour, de l'obeyssance duquel ie me reuolte, ne me reseruant que le plaisir que i'auray de voir les passades des esprits qui vous rechercheront, tandis que desdaigné ie m'endurciray contre les pointes de la disgrace. Ne laissez pour tant de viure heureuse, estant contente de m'auoir mal mené. Ie ne me veux point ressentir de ce dernier outrage que vous me faictes, me traictant en desesperé auant le temps:

n'est-ce point en vser comme on faict à ceux qui languissent sans espoir de reschaper, de me proposer des paroles qui autresfois eussent esté ma vie, & à ceste heure me sont vn traict desplaisant & mortel: ceste belle consolation & ces bonnes paroles en temps propre, m'eussent entretenu & fait viure, mais hors temps m'apportent du despit, & puis apres ma resolution me sont indifferentes: voilà ce sont de beaux artifices qu'il me faut trouuer bons pource qu'ils viẽnent de vous, qui viuez de la gloire que vous obtenez sur tous les cœurs. Or belle ie me rauise, ie quitte toute dispute, ie me departs de toutes reproches, & veux auoir tort s'il vous plaist : Mais si depuis tant de fois que ie me suis aduancé à mon deuoir, vous l'eussiez recogneu, au moins d'vne ombre de bonne volonté, vous m'eussiez autant obligé que vos desdains exercez sur moy sans raison & si long temps m'ont cruellement estrangé: Toutesfois ayant lasché ceste despiteuse colere, ie pense à vos belles paroles, & me represen tant ce que ie doy à la beauté que i'ayme tant, ie vous veux desduire mes fantaisies, mes volontez, & mes recognoissances, pour ce que vos doux accens sont allez iusques au plus delicat de mon ame, & l'ont ramenee du destroit où son affliction l'arrestoit, pour se remettre à vous seruir, si le destin le veut.

Un iour recognoissant que ie suis incapable
Belle de vous seruir i'en vins au desespoir,
Et prenant le chemin du desert effroyable,
Je voulu m'y cacher pour iamais ne rien voir.

C'est

C'est bien auoir des yeux de voir ce qui s'addresse,
Et de le discerner: Mais voir parfaitement,
Est voir le iour heureux des yeux de sa maistresse
Car c'est voir sans riẽ voir que devoir autremẽt.
Pour doncques ne rien voir, i'esleus vn Hermitage,
Pour le lieu destiné du reste de mes iours,
Et me determinant dans sa grotte sauuage,
I'y pensois consumer ma vie & mes amours.
Ie me determinois à ceste vie austere,
Afin d'estre puny de ma temerité
Et cherchant à ma vie vne vie contraire,
I'estois à ce dessein ardamment arresté.
Desia ie lamentois sur ma vie passee,
Dessous le triste habit voulant m'enseuelir;
Et de deuotion mon ame tant pressee,
Vouloit tout autre soin de mon cœur abolir.
I'estimois que ce monde estoit vne balotte
Formee de sauon, figuree de vent,
Et voulant l'oublier ma pensee deuotte,
En ma deuotion m'enfonçoit plus auant.
J'estois presques reduit par ceste desplaisance,
Et pensois resigner au desert mon vouloir,
Et comme n'ayant plus dessus moy de puissance,
Tout mon penser estoit Religieux deuoir.
Mais comme ie cuidois franchir ceste barriere,
Je sentis mille feux en mon cœur s'allumer,
Et pour y resister ie me mis en priere,
Et les esteindis tous, fors le doux feux d'aymer.
Plus ie pensois l'esteindre & plus la souuenance
De vos perfections le venoit exciter,
Plus ie m'en tirois loing, & plus sa vehemence
Plus aspre que iamais me venoit irriter.
Ie n'estois presque plus qu'vn descharné skelette,

Où l'on ne cognoissoit que l'esprit & les os,
Et i'estois resolu, mais mon ardeur secrette,
Tant esloigné de vous me troubloit ce propos.
Adoncq ie recogneu que ie n'auois de vie,
Que celle dont vos yeux m'animent doucement,
Et que si obstiné ie ne changeois d'enuie,
Qu'il me faudroit perir trop desdaigneusement.
Pour m'oster ce penser ie faisois penitence,
Mais plus ie m'affligeois plus ie sentois d'amour,
Et mon feu se seruant de ceste circonstance,
Se ralumoit de nuit pour s'enflammer de iour.
Ie pense que i'auois desir de me distraire
Du tout du souuenir de vos perfections,
Ie ne le voulois pas: mais ie le voulois faire,
Me combattant moy-mesme en mes tentations.
Depuis qu'on s'est submis à l'amoureuse flame,
On ne se peut iamais desdire de ses vœux,
On pourroit aussi tost estre viuant sans ame,
Que viure ayant aymé sans en sentir les feux.
Et puis me souuenant de vostre belle grace,
Et que vos yeux estoient mes soleils de douceur,
Je sentis vn brillant comme vn esclair qui passe
Me venir arracher toute fascheuse humeur.
Adoncques resueillé ie repris ma memoire,
Laissant le triste soin qui de vous me priuoit,
Et suyuant les desirs de ma premiere gloire,
Je repris les dessins que mon cœur conceuoit.
Je reuins voir vos yeux, & leur belle lumiere,
Me rendit esperdu tant mon cœur fut surpris
Apres ie me remis en ma façon premiere
Au feu de vos beautez reprenant mes esprits.
Et bien qu'encor ie sois indigne, qu'il vous plaise
Accepter le deuoir de mon humilité,

Mon ame toutesfois se promet pour son aise
Que vous ferez estat de ma fidelité.
Ie n'iray plus tracer apres le triste ombrage
De ces lieux escartez, où se meurt tout plaisir,
Par des desseins plus beaux ie veux que mon courage
Rende l'effet esgal à mon braue desir.
Aussi pour tout iamais tout autre soin i'oublie,
Rien ne me sera cher que vous porter honneur,
I'y suis determiné, aussi ie vous supplie
D'excuser les deffauts de vostre seruiteur.
Ma belle, il vous a pleu de m'estre fauorable,
De m'auoir accepté, d'auoir receu ma foy,
Ie la vous garderay, & tant inuiolable:
Que tous fideles cœurs prendront exẽple en moy.
En cest excez d'esprit tout raui de liesse,
Rentrant au bon estat de mon entendement,
Cet hõmage ie rends : car de vous ma Maistresse
Ie tiens l'honneur, la vie, & le contentement.

SERAFISE. Voila l'humeur du personnage qui se donne des trauerses en m'en donnant, & ie n'oserois le tancer de ses perturbations qui me molestent. Car incontinant que ie pense l'en aduiser pour le reprendre, & destourner, son cœur s'en vlcerera, & entrera en fougue, partant il me le faut & ie le veux traicter en patientant, ioint que sa fantaisie est si delicate qu'il est à mignarder comme vn enfant, possible auec le temps ses opinions deuiendront esgales à son nom, & ne m'attribuera rien de desraisonnable.

L'Empereur ayant ouy le Conseil, ces Amans entendirent cest Arrest:

Le Conseil a ordonné que Serafise continuera à iuger prudemment de ce qu'elle deura à Constant, afin qu'il soit recompensé des afflictions de son cœur à son occasion s'il se trouue digne d'estre gratifié de ses faueurs. Aussi Constant demeurera fidele à celle qui reçoit la gloire d'estre parfaite Amante.

DESSEIN DIXHVICTIESME.

Humilitez de Viuarambe à sa Royne. La Chambre de la Tourterelle. Quitte, libre, & iouyr de ses Amours. Amour immortel. Que c'est que Sentence, Arme, Deuise, &c. Pointe des Amours de Beleador. Les douces reproches de Calimbe à son Fortuné. Le frere d'Etherine vient en l'Hermitage.

CEpendant que l'Empereur auoit l'esprit attentif, Viuarambe prenant le temps sortit pour dresser vne partie de musique sur vn ær faict en l'honneur de sa Royne, parquoy incontinant que l'Arrest fut prononcé, les voix & les instrumens accordez ietterent comme vne bouffee de vent retenu, ces premiers accords qui furent continuez en ces vers:

Trop long temps esloigné de vos belles lumieres,
Ie perdois tout espoir de vie & de bon-heur,

Et comme tout distrait de mes ardeurs premieres,
Mort à mes beaux desseins ie n'auois pl' de cœur.
Encores ie ne sçay si i'ay de l'esperance,
Car vous meritez trop, & ie suis sans pouuoir,
Mais vos perfections me donnent asseurance,
Que vous aurez esgard à mon humble deuoir.
Ainsi ie me releue & ie reprens courage,
Puis que i'ay ce bon-heur de reuoir vos beautez,
Ie veux ainsi tourner tout à mon aduantage,
Establissant mon bien sur mes fidelitez.
R'alumé de desirs, & renflammé de vie,
Ie viens renoueller mon cœur à vos beaux yeux,
Ia ma nuit en beau iour est toute conuertie,
Mon espoir estouffé deuient espoir de mieux.
Ie vous retrouue doncq Royne de ma fortune,
Oracle de mon bien, pour sçauoir mon destin,
Prononcez ie vous pri d'une voix non cõmune,
En me rendant heureux les Arrests de ma fin.
Vous pouuez tout sur moy de puissance absolue,
En vous sont mes desirs & l'obiet de mon bien,
Car puis qu'à vous seruir mon ame est resolue
Apres vos chastes yeux ie ne recognois rien.
Or disposez de moy selon vostre prudence,
M'empeschant d'esperer ou me donnãt l'espoir,
Mais quoy qu'il en auienne, en ma perseuerãce
Je demourray constant sans iamais en deschoir.

Ceste musique terminee, l'Empereur se leua pour se donner vn peu de recreation, en diuersifiant ses plaisirs, & fut conduit en la sale du grand Palais; où estoient les Dames: La Princesse de Quimalee y estoit qui auoit acconduit Etherine, qu'elle auoit laissee en

Amerimnie, où elle demeurera iusques au iour determiné: Là estant l'Empereur, il commenca à s'esgayer vn peu plus de coustume, & s'estant addressé à Oloclirée qui estoit belle & sage Princesse, deuisoit auec elle & auec Sarmedoxe & les Princes qui chacun pres de sa Maistresse participoient au bien qu'ils auoiēt aussi preparé à l'Empereur, lequel s'amusa assez long temps de diuers propos. Cependant Viuarambe discourant auec sa Royne, & continuant son deuis luy dit, Que direz-vous, Madame, de ce que ie m'aduance ainsi, & que comme importun ie vous presse possible contre vostre gré. Estimez-en ce qu'il vous plaira. Ie vous diray toutesfois ce que ie cōçoy. Mais encores penseriez-vous qu'vn cœur qui a pour conduite vn beau soleil, fust presomptueux ou deust l'estre estimé s'il le suyuoit? Et que ce soit temerité d'essayer vne grande fortune? LA ROYNE. Pourquoy vsez-vous de ces termes? auez-vous veu en moy quelque disposition qui vous induise à telles considerations? ie vous ay pensé offencer, pource qu'il m'est aduis que vous m'offencez vn petit, laissons celà, i'ay l'opinion de vous telle, que ie ne croy que vertu de vous, & partant tous effects vertueux. VIVARAMBE. Puis que vous m'honorez de ceste bonne opinion, telle que vous l'auez à bonne occasion des courages aduantureux, & de moy guidé par vous, qui estes la plus belle lumiere du monde, ie veux suyure les plus aduantageuses aduantures, pour obtenir la gloire de meriter quelques fois vostre faueur. En celà ie n'entreprens que ce qu'il vous plaist,

& ceste belle audace qui m'esleue, me seruira d'excuse, si que vous recherchãt ie ne seray point importun. Et de fait, si ie n'estois asseuré par vo᷒ mesmes, qu'il vous est agreable que ie vous tesmoigne le seruice auquel vous m'auez obligé, ie n'oserois pas comparoistre deuant vous en qualité de seruiteur. Il est vray que quand mesme vo᷒ seriez contraire à mon desir, ie ne lairrois de perseuerer, & quoy qu'il m'en peust aduenir, i'aurois ceste gloire de vous auoir voulu seruir, & d'y persister, combien doncques plus auray-ie de bien & d'honneur de m'addonner à vous, veu qu'il n'y a rien de plus magnifique que de tenter vne grande fortune: en quoy si ie mãque, vostre œil qui m'a conquis à son plaisir, sçaura destourner mes deffauts: car quoy que ce soit, puis que ie suis à vous, il est raisonnable que vous approuuiez les effets que vous excitez, & que vous les aduoüyez à ce que vos belles graces triomphent en maintenant ce qui vous appartient. En ceste belle asseurance plein de deuotieuse volonté de vous rẽdre tout deuoir d'obeyssance, ie vous prie de me continuer vostre bonté en l'affection promise. La grandeur du respect que ie vous porte, m'empesche, mais l'asseurance que i'ay en vostre clemence, fait que ie baise ceste belle main, & la rebaise d'vne bouche toute d'humilité prouenãte de cœur parfait. Ceste belle Royne estoit bien aise de voir son deuot humilié deuant elle, luy racõtant l'humeur qui le possedoit au desir de son amour. L'Empereur cependant s'enqueroit de tous les obiets qu'il rencontroit, aussi par tout en ces Palais y auoit quelque chose qui disoit, sãs parler, & tout y parloit tacitement, enuelopant sous son figuré silence tout ce qu'il y a de plus beau és imaginations & recherches des beaux esprits. Entre autres, l'Empereur vid vers le septentrion sur la porte la figure d'vne tourterelle, & il s'enquit pourquoy celà estoit. Sarmedoxe luy raconta que la chambre en laquelle on alloit par là estoit dite la chambre de la Tourterelle, en laquelle on logeoit les Amans qui estoient trop gays, afin de les faire vn peu deuenir melancholiques, à ce que ces deux humeurs meslees ils fussent en bon temperament d'Amour, estât, dit-il, en cecy vn fort notable secret. Les Tourterelles sont animaux magnetiques ayans telle vertu, qu'estans ensemble accouplez, & se faisans l'amour chaste, tel qu'est le leur vnique entre tous, si quelqu'vn habite où sont ces oyseaux amans il sera touché de mesme passion, & si vn beau couple de mariez y demeure, leur amour sera tres-parfaict: que s'il aduient que le pair des oyseaux soit deffaict, & que l'oyseau restant y soit conserué, il auiendra que la personne qui frequentera ce lieu en demeure ordinaire, sera touchee de la mesme melancholie que le triste oyseau, quelque occasion autre qu'il y ayt. C'est ne plus ne moins comme il se rencontre que le Maistre d'vne maison estant malade, & que le coq face vn œuf, tant que le pondeur & la pounte subsisteront, le dolent demeurera affligé, & la maladie continuera. L'EMPEREVR. Ie ne desire point entrer en ces chambres de tristesse, pour abonder en melancholie, i'ayme mieux suyure ce beau commencement de la quitter, & semble que ie voy à propos en escrit au plinte de ceste coulonne, *Quitte libre & iouyr de ses amours.* Ie vous prie mon pere de m'expliquer ce que vous en tenez, SARMEDOXE. Sire, ie vous en esclairciray promptement, afin que selon nostre bon fondateur, ie puisse dire, Plus desiré qu'importun. Ceste Auise est vn axiome du souuerain biẽ d'icy bas, lequel consiste en la iouissance de l'hõneste plaisir, sans qu'il en puisse ou doiue suruenir, ou eschoir, de l'incommodité ou du mal. Or mal aucun ne peut auenir par la perception de la iuste volupté, laquelle suit les ordonnances diuines, & ne contrarie point aux bonnes loix humaines, & ne fait aucune transgression, par ainsi les loix sont libertez, & les libertez sont loix aux gens de bien. Si on est en liberté de passer outre les limites d'vne terre, & que la franchise en soit à deux mille pas, & on ne va que mille ou douze cent pas, on demeurera en pleine liberté, & on en aura encor plus que l'on n'en prendra, & par ainsi on voguera dans vne abondante grace, en laquelle l'esprit se refera de parfaite alegresse, ce qui ne peut auoir de beauté sans loix, lesquelles sont vn ordre accompli, outre lequel n'y a que confusion, qui est la perte de l'esprit, lequel s'esiouit en l'ordre. En ceste exposition i'ay mis la liberté la premiere, pource que c'est elle qui fait qu'on soit quitte, car nul n'est quitte qui ne soit libre: Le quitte est celuy qui n'a riẽ de mauuais au cœur qui le transporte, & ne doit à aucun dont il puisse estre molesté: c'est le plus grãd malheur qui puisse escheoir que d'estre redeuable, d'autant que durant ceste rude debte, on n'est point à soy, & n'estant point à soy, on ne peut dignement ordonner de ses belles imaginatiõs. Estãt quitte, au cõtraire on n'a affaire qu'à ses propres pensees, qui instalẽt l'esprit au souuerain bien, le rendãt cõtant: & n'y a nul contẽt, que celui qui se satisfait en ses particulieres fantaisies, reglees par raison, selon laquelle on a iouïssance de ses amours. Or l'amour est vne émotion, qui comprent les desirs de tout objet souhaitable, parquoy celui qui iouit de l'objet, desiré en son esprit tel qu'il soit, iouït de ses amours, & en ceste iouyssance, il sent son esprit libre & quitte de mauuaises craintes, & fascheux destours, & en telle latitude de cœur, il peut rendre à chaqu'vn ce qu'il semble deuoir à cause de la bien-seance, & ce sans ennuyeuse contrainte. Ainsi il est libre, n'ayant rien au cœur qui l'inquiete, ioint que la parfaite liberté est au repos de conscience. L'EMPEREVR. Ie vous prie, Pere Sarmedoxe, ne passez point plus auant en ceste speculation, qui me remettroit en memoire mes deffaux, car par l'intelligence que i'en conçoy, ie iuge combien ie suis loin du but de l'excellence auquel ie pretens. Acheuons ce qui est bien commencé, afin que ie puisse iouïr de mes amours, estant quitte & libre. Passons vers ces autres Dames, qui s'amusent à vn beau suiet. En ceste humeur, prenant congé d'Olocliree, il fit paroistre qu'il auoit relasché de sa melancholie, aussi se sentoit-il poinçonné de quelques flames meslees d'esperance, lesquelles s'alumerent encor plus viues, par l'objet de la figure,ſur laquelle les Dames ſ'eſtoyent arreſtees: c'eſtoit vn Amour blanc comme nege, eſpargné en relief,ſurvn fons d'agathe noir,choiſi tant bien, qu'il ſembloit que nature eut fait la pierre expres: Cét Amour en geſte, alumoit ſon flambeau au feu des Veſtales, & au bas y auoit vn bord vermeil, où eſtoyent ces lettres d'azur. *Mon amour eſt immortel.* L'Empereur ioint à la compagnie, chaqu'vn prit plaiſir d'en diſcourir, ſurquoy ſa Majeſté demanda à Sarmedoxe, ſi ceſte figure eſtoit Deuiſe, ou Auiſe,ou autre, ſelon ce que les premiers ont determiné. Le Sage, tant pour complaire à l'Empereur qu'aux Dames fit ce diſcours. Nous vſons ſouuent de pluſieurs paroles: dont poſſible l'intelligence n'eſt pas touſiouts ſuyuie, & parauanture auſſi elle l'eſt, & ſur tout, en ce qui eſt dit Sentence Ænigme, Parabole, Symbole, Armoirie, Embleme, Deuiſe & Auiſe,& auons toutes ces parties ſouuent en la bouche, & eſt expedient de les cognoiſtre, afin d'en parler proprement. Sentence eſt vn diſcours pur en peu de paroles contenant vne grande ſignification; & n'y faut aucune figure ou couleur, pour la faire entendre. Ænigme eſt vn propos couuert, qui n'eſt entendu que par ſa propre & particuliere interpretation, nous la nommons auſſi Doute. Parabole eſt vne propoſition figuree, ayant deux ſens, l'vn qui appert par les paroles meſmes,& l'autre eſt caché, qui toutesfois lui conuient. Symbole eſt vne parole, deuis eſcrit, ou ſigne & figure,ayant ſon intelligence en l'eſprit, de ceux qui ſont de meſme cabale, &

ont intelligence mutuelle. C'est aussi la marque de l'intention de quelqu'vn, qu'il designe par ce moyen qui luy est particulier, ou bien c'est vne certaine conuenance claire, mais particuliere à certains qui l'ont entreprise ensemble. Armoyrie ou arme est vn signe ayant champ, couleur & figure, ou champ seulement, & ne doit signifier aucun nom de famille, si elle n'est fort ancienne, & aussi ne faut, & n'est seant qu'elle soit deuise, ou qu'elle la porte ou la signifie; Si d'auanture ce n'est en quelque tournoy, où la deuise est iointe aux armes, en faueur des Dames; ou si le Souuerain ne la donne telle, pour signifier noblesse acquise, ou denote quelque acte genereux & extraordinaire, de quelque grãd ou vaillant: Embleme est vn pourtrait qui peut estre entendu seul sans escrit, & bien que l'on en face vn discours qui l'interprete, si est-ce qu'il n'y doit point estre sujet, mais cognu de soymesme. Deuise est vne figure qui seule n'est qu'vn corps, qui ne porte pas toute son intelligence, car il faut l'ame pour l'entendre, laquelle est la parole qui luy est tellement conioincte, qu'aussi seule elle ne peut rien signifier. Auise est vn petit propos fort simple suyuant la pensee de son inuenteur, & s'entend de soymesme. Tandis que ce Sage discouroit, Beleador qui auoit receu quelque mauuais traitement de sa maistresse auec laquelle il parloit, pour sçauoir l'issue de son auanture amoureuse, apres quelques petits deuis luy dit, Vous qui auez tenu ma vie si chere, qui l'auez excitee, par celà qui est de meilleur és plus agreables douceurs qui se conçoiuent en aymant, serez vous celle qui la ruinera par l'aigreur de l'ennuy où vostre rigueur me iette? Soit s'il se peut : Il me faudra consoler en ce que i'ay eu le courage tant fidele , que d'honorer celle qui me ruyne, & qui sans occasion s'esiouit de ma calamité, c'est tout vn, le ciel me vengera: car mon affliction estant diuulguee, quelque regret vous en surprendra, mais possible si tard, que ie seray peri auant que l'on ait pensé à mõ secours. Elle luy repliqua, ie ne sçay pourquoy vous estes en telles inquietudes imaginaires, pensez vous qu'il ne faille auoir autre soin, que d'espier le temps à s'auiser de vous estre attentiue? si ie n'auois qu'vne occupatiõ ie ne vaquerois qu'à icelle, mais il faut estre à tout, & puis les Dames ne bastissent pas le souuerain bien de leur cœur, sur les friuoles entretiés dõt vous nous amusez, pour souuent nous abuser, quant à moy ie vay suiuant les rencontres des auantures qui se presentent, sans me donner autre souci que de ce qui me peut plaire, lors qu'il eschet que ie le trouue. BELEADOR. Viuez donc ainsi qu'il vous plaira, suiuant toutes vos fantaisies, quant à moy ie viuray sans changer tel que ie le vous ay iuré, les effaits me font iuger de vostre amitié, que ie croy estre legere comme l'ær, & vn effait extréme fera demonstration de mon integrité, & de la fidelité que vous ayant promise, i'emporteray auec moy quand ie me retireray des cachots de ce corps, desplaisant toutesfois d'auoir esté si malheureux, que mon ame n'a eu autant loyale rencontre, qu'elle est iuste en ses desirs & desseins, qui estans tousiours égaux à vous aymer & seruir, me feront oublier mon bien propre, pour vous accommoder du contentement que vous pretendez en vous distrayant de moy. Ceste douce aigre querelle d'amour eust esté plus longue, sans qu'auec l'heure & le iour qui se retiroyent, chacun s'en alla en son logis. L'Empereur ce soir là, prit plaisir à son souper plus que les iours passez, & son cœur plus dilaté luy auoit permis de l'appetit, si qu'il entra en termes de conualescence. Apres souper, il voulut à sa coustume entretenir les Sages, & cependant les Princes estans auec les Dames, acheuoyent ce qu'ils auoyent deliberé pour Etherine, qui se trouuoit fort consolee de l'amour ferme de l'Empereur, qu'elle auoit veu comme il s'alloit promener, car la sage Gnorise l'auoit amenee en vne des chambres du pauillon, d'où elle auoit eu ce plaisir: Estans sur les auis de l'auenir, Caliambe tençoit vn peu son cher Caualiree, en ces termes. Si vous eussiés eu le cœur touché d'autant d'affection que vous auez la bouche pleine de belles paroles, ie ne vous accuserois comme ie fay à mon grand regret d'vn crime que ie suis contrainte de vous mettre à sus: Est il vray que vous n'auez point eu souuenance de moy, peut il estre que ie me sois mise en deuoir de vous rechercher, & vous ayez fait semblant de n'y penser point encor? ie ne veux pas croire que l'oubli vous l'ait fait faire, & que vous ayant sollicité vous n'ayez pas recognu l'affection de mon ame: I'ay souspiré pour vous, i'ay langui pour vos perfections, qui seules sõt le bien de ma pensee, & il semble que vous soyez endormy sans penser à me consoler; I'ay fait estat de vous comme ie fay, encores autant que de ma vie, & vous sans considerer le trauail de mon ame, auez volagement trauersé où il vous a pleu, oubliant ce qui vous estoit acquis: le iour vous at-il peu voir, sans que vous ayez eu quelque eslancement de desplaisir? Ne vous estes vous point souuenu que ie vous ay escrit, & que ie vous priois de me mander que signifioit, que fermant ma lettre, le feu de la laque m'auoit attinte au doigt, & que ce signe estoit plus vif que vos discours? Si vous estiés autant accompli en amours qu'en autres vertus, vous excelleriés sur tous: Mais ie croy que vous auez laissé escouler toute affection, pour ne penser plus en celle que vous disiez estre cause de vostre desir de viure, laquelle ne vit qu'en vous aymant. CAVALIREE. Madame, vous qui estes l'vnique vie de ma vie, pourriés vous auoir la persuasion au cœur, telle que le propos en la bouche? Ie sens bien que vous faites de grandes & notables accusations contre moy, entremeslant le miel de vos douceurs de pointes cruellement viues me representant trop de belles conceptions, que vous auez à mon suiet & en m'asseurant que vostre esprit en est occupé me manifestez vn cœur parfaictemẽt vni, à l'obiect qu'il s'est proposé d'afectionner, dilatant vos pensees sur le reciproque amour que ie vous doy vous debattés auec moy ayant pris les armes que i'auois esleués, pour vous mõstrer par vn combat de courtoisie quelle est mon amitié; vous m'aués preuenu en la douce reproche, que ie pensois vous faire de ce dont vous m'accusez, & par ainsi vous me tansez à propos, me remonstrant mon deuoir. Et bien vous me pensiez corriger, & vous ne pouuez, car ie n'ay point fait de faute, & toutesfois ie supporte le chastiment: d'autant que par ce bel artifice d'innocence, vous m'obligéz tant estroitement, que vous me faites confesser que i'ay failli, encor que mon ame soit sans crime, vos agreables attintes, font que ie veux bien estre coulpable, & suis prest & appareillé à la punition, qu'il vous plaira. En ceste submission ie sçay bien que si vous vous auisez de nos fortunes, & que vous me consideriez selon ce que ie suis estant vostre, vous aurés regret d'auoir pensé à la moindre opinion des tasches: dont vous feignez dire que mon cœur est souillé: Car vous verrés clairement, que ce qui entretient mon esprit, est vne agreable douleur qui le tyrannise, & va menant en tant de diuersitez, qu'il n'y a que luy seul qui puisse supporter telle affliction, qui luy est tollerable, pource que vous la causez. Ne pensez pas que ie sois oublieux, de ce que ie vous doy, à vous ma Belle, que ie reuere en mon ame auec toute deuotion, & ne iugez point que i'aye le courage si peu penetré des esclairs de ma chere lumiere, que l'ardeur n'en soit penetrante & viue, & aussi estimez qu'vn esprit affligé, & transporté de sa pure passion, n'est pas à soy. Ie vous diray vne particularité, à laquelle possible vous ne pensez pas, & qui est la cause que plusieurs Amans se disent tourmentez, & en douleur & le sont. C'est qu'vn courage accompli & plein d'integrité, craint quand il ayme, que quelque chose s'oppose à son bien, & partant il en est tellement inquieté, que ce trouble luy fait tant de douleur, de douleur, que souuent il ne se peut remettre: A la verité depuis que vous m'enquistes par lettres, de la signification de ce que le feu vous offença, en fermant vng petit paquet, ie n'ay point eu de repos, & ie m'esbahis comment vous ne vous estes doutee de mon inquietude, & que ne l'ayez apperceue: Si vous vistes bien ma lettre, vous peustes iuger que les paroles ne partoyent pas d'vn cœur tranquille, vous l'auez bien iugé, & là dessus pour faire tomber le tort sur moy, & vous garentir en me mettant sus la faute, vous m'accusez d'oubli: C'estoit moy qui pouuois iustement vous en conuaincre, & presumer qu'vn feu nouueau & vne flamme estrangere, vous brusloit pour vn suiet qui retiroit vostre pensee de moy: Pardon Belle pardon, oubliés ce feu estrange, & au lieu de m'accuser taschés de me consoler du mal qui me suruint alors, car ie fus en peine, parce que ie m'imaginay contre raison, plustost du mal que du bien, & ce feu nouueau me donna dans la teste, par vn bruit mauuais qui courut, & me fut rapporté, durant que nous preparions ce voyage, & disoit-on qu'vn grand auoit l'honneur d'estre possesseur de vos belles graces: celui qui le racontoit ne sçauoit pas comme il me touchoit, parquoy il en parloit plus auantageusement, deduisant ce qui en estoit pensé: selon le cours des discours communs; En verité ie n'estois pas fasché de vostre bonne fortune: car on vous donnoit l'heritier d'Ofir, mais i'estois infiniment ennuyé & affligé de ma perte: Toutesfois ie me disposois à la patience, pource que ie voulois tousiours croire que quoy qu'il vous aueint, ie ne serois point du tout frustré de ma douce part de l'affection que vostre cœur me doit; Et que la beauté de vostre entendement trouueroit moyẽ de m'appaiser par raison, & me consoler honorablement. Ceci fut l'occasion de mes perturbations ordinaires, & croyant sans le croire qu'vn autre eut obtenu ce que i'esperois, ie me resolvois à supporter ceste disgrace, à quoy i'estois presque desia tant faconné, que vostre contentement tel que ie l'imaginois estoit le mien, & m'estimois comme heureux de penser que ie vous voyois en vne mer de plaisirs: Ceste fantaisie auoit desia tellement transmué mon cœur & changé mes desseins, que mon amour ayant consulté auec la raison, estoit prest de se transformer en vne amitié si parfaite, que les choses ayans eu effait en l'ayant recognue l'eussiez acceptee, & contrainte n'eussiez point estimé vostre contentement estre accompli, sans ceste particularité, qui eust esté de m'aymer de mesme, pour en ceste vnité de bien-vueillance, constituer l'vnique belle Affection. Cliambe. Ceste nouuelle comme vous la dites, estoit toute autre que ce qui se passoit, & i'en demande pourtant pardon à l'Amour & à vous, si vous le desirez: Il est vray & ie vous le dis comme il en va, que le Prince des Hospistes me veint voir, & non celuy que vous dites, qui n'eut pas esté mieux receu, d'autant que l'vn ny l'autre n'eut peu estre accepté de mon cœur, mon deuoir me fit receuoir ce Prince auec honneur, à quoy i'adiousté l'artifice, luy faisant en apparence de grandes demonstrations de luy vouloir du bien, ce que ie faisois pour destourner l'opinion de plusieurs qui comme ie l'auois descouuert, se doutans de nos affections, eussent voulu les empescher, & de faict ils craignent que ie sois vostre, pour ce que cela auenant, ils perdroyent les libertez insolentes & malignes, où ils viuent en nostre Isle en toute dissolution, contre la vertu au desceu du Roy. Ainsi entretenant ce Prince i'abusois mes espies, & vous conseruois en mon cœur, maniant mon amour si modestement qu'ils ne pensoyent plus à attenter contre vos affections, au preiudice de nos amours que ie desguisois industrieusement: Et, quant à ce Prince, ie le renuoyé fort à propos auec quelque cõmandement, dont il fut tres-aise & moy fort contente: car il se retira & ie partis incontinãt pour venir icy où maintenãt ie vo⁹ ouure mõ courage, duquel vous ferés preuue cõme il vous sera agreable. CAVALIREE. Ie suis & veux estre tant asseuré de la verité de ce que vous dites, que ie ne desire autre certitude que le tesmoignage de mon cœur qui vit de la pure flame qu'il alume en vous aymant, & ce n'est point vne vapeur vaine qui soit simplement passagere en mes affectiõs, c'est vne forme qui l'a penetré & qui durera autãt que ie viuray, laquelle iamais ne chãgera, ny diminuera. Aussi ie m'asseure qu'il n'y aura plus d'vne part ny d'autre d'alteratiõ en ceste perfectiõ d'aymer, d'autant qu'elle est cymentee par la vertu qui la rend immuable & permanante: I'en recognois mes sens tout remis, & en telle humeur i'embrasſe la tranquilité, ie repare mes belles intentions, que ie repren pour vous demonſtrer la verité de mes paſſions legitimes pour vous, & de quelle fidelité d'amour, ie demeure conſtant en la fermeté des affections que ie vous doy. Quand ie vous ay veuë, ie ſuis retourné à moy-meſme, & tout animé de conſolation, ie r'entré en mes erres, ie recommence donc à viure en vous aymant, pour viure: & ſans plus cy apres, m'alterer de mauuaiſes emotions, qui ſollicitent les eſperances à mal, ie m'appuye ſur la fermeté de bonnes promeſſes où ie poſe pour iamais le piuot de mes agreables mouuemens, & ne donnant plus lieu aux inſolentes idees de mal, ie m'arreſteray à ma fortune eſleue, entremeſlant le plus ſerieux de mes exercices du penſer qui m'occupe à la recherche du moyen de vous ſeruir: Ie viuray conſtamment en ceſte deliberation, & ne reſpireray que l'amitié dont ie nourriray mon ame qui vous a pour vnique obiect, mes fidelitez vous le teſmoigneront. Ils prolongeoient leurs diſcours & la nuict ſ'approchoit pour ſ'emparer du deſſus de la terre, qu'ils furent ſeparez par l'effect d'vn bruit qui ſurueint: la cauſe en eſtoit l'arriuee d'Ahorant prince de Boron frere d'Etherine que les Princes furent receuoir & mener au Roy leur pere qui l'ambraſſa auec grand honneur. Il ſembloit que cecy eſcheut à propos, car on auoit au ſecret conſeil des amis conferé auec Etherine, pour luy donner Oloclirce en mariage, moyennant la volonté des ſuperieurs. Apres que les Princes eurent traitté Ahorant, ils l'amenerent au logis d'Oloclirce où eſtoit Etherine, & firent entreuoir ces deux qui ſ'eſtoyent tant deſirez, le contentement de ce frere & de ceſte ſœur, fut le ſuiet de ceſte Seree, auec lequel les deuis entremeſlez des ieunes Princes & Princeſſes ſ'eſtendirent tant auec la nuict qu'ils la paſſerẽt preſques: Meſme ce nouueau venu, ſans ſe douter du bien qui luy eſtoit preparé, ne pouuoit laiſſer Olocliree, à laquelle il ſ'eſtoit deſia tant addonné, qu'à peine creut-il que la nuit fut cloſe, que la compaignie ſe deſbandant, on ſentoit la venue de l'aube du iour.

www.ingramcontent.com/pod-product-compliance
Lightning Source LLC
LaVergne TN
LVHW050510100826
845148LV00002B/291

* 9 7 8 2 0 1 2 6 7 8 0 8 8 *